Woodhouse · Hunde-Erziehung – leicht gemacht!

Barbara Woodhouse

Hunde-Erziehung – leicht gemacht!

Kurztraining für alle Hunderassen

Müller Rüschlikon Verlags AG, CH-Cham/Zug

Inhaltsverzeichnis

Vorwort

Mein Hauptziel bei der Abfassung dieses Buches war es, dem Hundebesitzer zu helfen. Ich habe den Eindruck, daß die meisten Menschen,
wenn sie sich einen Hund kaufen und von diesem erwarten, daß er
ein Freund der Familie wird, nur sehr unklare Vorstellungen darüber
haben, wie der Hund zu erziehen sei, damit er sich von der besten
Seite zeigt und stets eine Quelle der Freude bleibt, ohne Anlaß zu
Ärger zu geben. Dieses Ziel läßt sich im allgemeinen nicht ohne eine
gewisse Erziehung erreichen. Die Menschen erwarten, daß sich der
Hund sofort in ihren Haushalt einfügt, obwohl sie nur wenig Zeit
darauf verwenden, den neuen Hausgenossen an das Leben mit ihnen
zu gewöhnen, und sie sind dann entsetzt, wenn sich der Hund
schlecht benimmt. Ich will mit meinen Wochenendlehrgängen den
Leuten nur ein paar Fingerzeige geben, wie sie das jeweilige «Fehlverhalten» ihres Hundes korrigieren können. Aber ich halte die
Teilnahme an solch einem Lehrgang nicht für absolut notwendig;
er stellt nicht den einzigen Weg dar, um zu lernen, wie man seinen
Hund erzieht. Dies läßt sich von jedermann – ob Mann, Frau oder
Kind – auch zu Hause erreichen, und meiner Meinung nach ist
das Heim für diese Art von Erziehungsarbeit der richtige Ort.
Hauptzweck einer Ausbildungsklasse ist der, Ihren Hund an die
Anwesenheit zahlreicher anderer Hunde zu gewöhnen, so daß
er auf der Straße andere Hunde ignoriert und nicht mehr rauft.
Ein weiterer Vorteil liegt darin, daß ein erfahrener Ausbilder
zur Stelle ist, der Ihnen erklären kann, wie man speziellen Schwierigkeiten beikommen kann. Die eigentliche Erziehung kann dann
mit Hilfe dieses Buches zu Hause leicht zum Abschluß gebracht
werden.

Die einzelnen in diesem Buch besprochenen Hunde sind ebenso wie die Probleme, vor die sie uns stellen, eine Mischung aus vielen Hunden mit denselben Fehlern; aber jeden Tag treten neue Probleme auf, und man lernt allein aus Erfahrung, mit ihnen fertigzuwerden. Es gibt nur sehr wenige allgemeingültige Regeln für die Hundeerziehung; was bei dem einen Hund Erfolg hat, kann bei dem anderen versagen.

Ich kann nicht oft genug wiederholen, daß Hunde meiner Meinung nach etwa das Gehirn eines fünf Jahre alten Kindes haben. Wenn man mit ihm wie mit einem Kind spricht und ihm die Chance gibt, zu verstehen, was man meint, wird der Hund zur Freude seines Besitzers rasch reagieren. Sie würden Ihr fünf Jahre altes Kind auch nicht zum Spielen allein auf die Straße schicken und hoffen, daß alles gut geht; aber von Hunden wird so etwas erwartet. Ich glaube, daß Hundebesitzer den Charakter ihrer Tiere nach ihrem eigenen formen, obwohl ich Menschen mit Hunden gesehen habe, die sie nicht verdienen, und umgekehrt. Man sollte immer daran denken, daß der Hund Ihre Gedanken mit einem außerordentlich feinen, telepathischen Gefühl erfaßt, und es hat keinen Sinn, das eine zu denken und das andere zu sagen; man kann einen Hund nicht hinters Licht führen. Wenn Sie mit Ihrem Hund sprechen wollen, müssen Sie es nicht nur mit Ihrer Stimme, sondern auch mit innerer Beteiligung tun. Ich übermittle meine Wünsche mit Hilfe meiner Stimme, meiner Gedanken und mit der Liebe, die ich für Tiere empfinde, sowie dadurch, daß ich den Hund mit meinen Händen streichle. Wenn Sie mit Ihrem Hund «auf gleicher Wellenlänge» stehen, wird es ihm Spaß machen, Ihre Wünsche zu erfüllen. Versuchen Sie nie, einen Hund erziehen zu wollen, wenn Sie selbst gereizt oder verärgert sind; dann überträgt sich Ihre Gereiztheit auch auf den Hund, der mit seinem empfindsamen Nervensystem Ihre Gemütsbewegung erfaßt und nicht weiß, woran er ist. Wählen Sie einen Zeitpunkt, wo Sie sich in gelöster Stimmung befinden und sich darauf freuen, Ihrem Hund etwas Nützliches beizubringen. Denken Sie daran: Vernunft und Gefühl gehen nicht immer Hand in Hand.

Hunde sind seit undenklichen Zeiten treue Freunde des Menschen, und es besteht kein Grund, warum nicht jedermann einen folgsamen Gefährten besitzen sollte, aber meiner Ansicht nach ist es ein Privileg, Besitzer eines Hundes zu sein – ein Privileg, für das man auch bestimmte Opfer bringen muß. Wir müssen erkennen, daß nicht jeder Hunde gern hat und daß, falls wir unsere Hunde lieben und sie bei Urlaubsreisen nicht zurücklassen wollen, unsere Ferienplanung dadurch gewisse Einschränkungen erfährt. Wir müssen uns ein Hotel oder eine Pension aussuchen, wo Hunde zugelassen sind, und, was noch wichtiger ist, der Hund muß so gut erzogen sein, daß er keinen Anlaß zu Beanstandungen gibt; benimmt sich der Hund schlecht, so schaffen Sie damit einen Präzedenzfall, was gegenüber anderen Gästen mit guterzogenen Hunden unfair ist.

Ein Auslandsurlaub kommt wegen der verschiedenen Quarantänebestimmungen nicht in Frage. Für uns Hundeliebhaber sind diese Einschränkungen eine Selbstverständlichkeit. Der Hund ist ein Teil der Familie, und ein Familienmitglied lassen wir ungern allein zurück. Einige Hundebesitzer sind in einer glücklicheren Lage, weil sie wissen, daß sich ihre Hunde in gut geführten Hundepensionen wohlfühlen, und für diese Familien entstehen infolgedessen keine Urlaubsprobleme. Aber trotzdem gehen alle Besitzer das Risiko ein, daß ihr Hund krank wird und einer besonderen Pflege bedarf; oft erzeugt die Krankheit scheußliche Symptome, und man muß Arbeiten verrichten, die ausgesprochen ekelhaft sind; bevor Sie sich einen Hund anschaffen, müssen Sie sich innerlich bereit erklären, auch im Krankheitsfalle ständig für ihn da zu sein.

Sind Sie auch bereit, ihm sein Futter herzurichten und darauf zu achten, daß er die richtige Diät erhält, oder soll er nur von dem leben, was zufällig für ihn abfällt? Die meisten Hunde gedeihen am besten bei regelmäßigen Mahlzeiten, die ihnen zu bestimmten Zeiten vorgesetzt werden und aus einer richtigen Futtermischung bestehen. Oft ist es eine Last, gerade dann, wenn man viel zu tun hat, hinausgehen zu müssen, um das Hundefutter zu kaufen oder es zuzubereiten. Denken Sie auch daran, bevor Sie Hundebesitzer werden.

Hören Sie nicht auf Leute, die Ihnen weismachen wollen, ein großer Hund sei nichts für das Stadtleben, oder daß es grausam sei, den Hund in einer Etagenwohnung zu halten. Ein geliebter Hund fühlt sich überall da glücklich, wo Sie leben. Wenn er ein geliebter Hund ist, werden Sie merken, daß ihm immer genügend Bewegungsfreiheit bleibt. Wenn Sie den Hund allein in der Wohnung oder dem Haus den ganzen Tag über sich selbst überlassen müssen, so ist das kein Leben für einen Hund, aber kein wirklicher Hundeliebhaber würde seinem Freund solche Lebensbedingungen zumuten. Glauben Sie aber andererseits auch nicht, daß Hunde nie allein gelassen werden sollten; ein guterzogener Hund sollte keinen Babysitter brauchen, sondern sollte ganz zufrieden auch mal allein in der Wohnung bleiben und das Eigentum seines Besitzers bewachen, ohne ständig zu bellen oder zu winseln. Viele Hundebesitzer klagen darüber, daß ihre Hunde, wenn sie allein gelassen werden, alle möglichen Sachen kaputtmachen; dies ist die Folge schlechter Erziehung und sollte unbedingt abgestellt werden. Ein Innenzwinger für kleine Hunde macht die Zerstörungswut bei Abwesenheit des Besitzers unmöglich, aber ein großer Hund muß so ausgebildet sein, daß er nichts kaputtmacht. Auch hier wieder kommt es vor allem auf die innere Einstellung des Besitzers an. Wenn er seinem Hund erlaubt, in seiner Gegenwart irgendwelche Sachen zu zerreißen, und es obendrein noch für komisch hält, wie soll dann der Hund wissen, daß er es nicht tun darf, wenn sein Herr nicht da ist? Eine letzte Frage. Ich werde oft gefragt, ob sich ein rassereiner Hund leichter erziehen läßt als ein Mischling. Meine Antwort lautet, daß alle Hunde erzogen werden können, falls der Besitzer aus dem richtigen Holz geschnitzt ist. Liegt die Schuld am Besitzer, kann man dem Hund keinen Vorwurf machen. Wie schon die Alten sagten: «Wie der Herr, so's Gescherr!»

Ein wohlerzogener Hund ist nicht mit Gold aufzuwiegen; es liegt an Ihnen, dafür zu sorgen, daß Sie auch ein wohlerzogener Besitzer sind.

Erstes Kapitel

Jeder Besitzer ein Ausbilder

Meines Erachtens gibt es in diesem Lande nur wenige Menschen, die in ihrem Leben nicht schon irgendwann einmal einen Hund besessen haben, und sei es auch nur einen, den sie nicht nur für sich allein gehabt, sondern mit der ganzen Familie haben teilen müssen. Die Leute halten sich Hunde vor allem aus drei Gründen: zum Vergnügen, als Erwerbsquelle oder zum Schutz. Ich glaube, daß bei weitem die größte Zahl nur aus reiner Freude gehalten wird, weil man einen Hund hat, mit dem man spielen kann, wenn man jung ist, oder den man ausführt und der einen fit erhält, wenn man nicht mehr ganz so jung ist; viele haben einen Hund auch nur deshalb, weil es ihnen Freude macht, ein liebenswertes Wesen im Haus zu haben, das bewundert wird und das einem Gesellschaft leistet. In diesem Buch werden wir diejenigen Hunde ausklammern, die nur des Gelderwerbs wegen, gewissermaßen als Ware in einem Geschäft gehalten werden, das ausschließlich auf finanzieller Basis geführt wird; in diesem Geschäftszweig legt man besonderen Wert darauf, daß die Hunde für eventuelle Käufer so attraktiv wie möglich herausgebracht werden. Falls die Tiere ungebärdig oder schlecht gepflegt sind, werden sie nur schwer Käufer finden. Deshalb können wir annehmen, daß sie verkauft werden, bevor der Ungehorsam – falls er überhaupt besteht – sich entwickelt und zutage tritt. Wir befassen uns hier nur mit der Erziehung und der Gesundheit derjenigen Hunde, die man sich so im allgemeinen hält.

Ich frage mich oft, wie viele Menschen sich gedanklich überhaupt mit der Hundehaltung beschäftigt haben, bevor sie irgendwo einen reizenden kleinen Welpen sehen, der sie mit feuchten braunen Augen anschaut und geradezu darum bettelt, neben ihnen vor dem Kamin sitzen zu dürfen. Es sind, glaube ich, sehr wenige. Ich will deshalb versuchen, auf die Schwierigkeiten hinzuweisen, die man berücksichtigen muß, bevor man sich einen Hund anschafft. Für diejenigen, die bereits einen Hund besitzen, empfiehlt es sich, ein Kapitel zu überschlagen und nur diejenigen Teile dieses Buches zu lesen, die sich mit der richtigen Erziehung und Kontrolle des Hundes befassen.

Sie müssen sich, bevor Sie einen Hund kaufen, darüber klarwerden, ob Sie dem Tier das Zuhause bieten können, welches dieser wundervolle Freund des Menschen verdient. Ich will damit nicht behaupten, daß Sie finanziell gut gestellt sein müssen, um sich einen Hund halten zu können. Solange der Hund ordnungsgemäß ernährt und ausreichend bewegt wird, teilt er mit seinem Herrn auch die bescheidenste Unterkunft. Aber die Hundehaltung ist nicht ganz umsonst. Ein kleiner Hund zum Beispiel braucht pro Tag annähernd ein halbes Pfund Fleisch sowie Hundekuchen oder Schwarzbrot, je nach Appetit. Deshalb glaube ich, daß man für den Unterhalt eines Hundes nicht besonders viel auszugeben braucht. Ich weiß, daß das Hundefutter in einigen Haushalten gar nichts kostet, weil es genügend Essenabfälle gibt, die dem Hund eine angemessene und ausgewogene Ernährung sichern, aber dies ist eher die Ausnahme als die Regel. Ferner muß man die Hundesteuer einkalkulieren und gelegentlich die Kosten, falls der Hund krank wird.

Man muß außerdem bereit sein, einen gewissen Betrag für Tonika und Flohpulver sowie für Seifen zum Waschen des Hundes auszugeben. Keinem Hund, der im Haus gehalten wird, kann etwa einmal im Monat ein Bad oder ein Trockenshampoo erspart werden. Viele Menschen sagen mir: «Was die Hunde für einen Geruch haben! Wir würden sie nie im Haus halten!» Wenn ein Hund stinkt, ist es Schuld des Besitzers. Er würde auch seine eigenen Kinder nicht ungewaschen herumlaufen lassen, aber vom Hund erwartet man in vielen Familien, daß er ohne Hilfe von außen sauber bleibt. Haben Sie je daran gedacht, wie oft der Hund seine Schnauze in Bratensoße oder Milch, in Fleischgerichte oder Fisch hineinsteckt, und daß Teile davon an seiner Schnauze hängenbleiben; aber wie viele Leute waschen ihrem Hund regelmäßig das Maul? Ich säubere meinem Hund das Maul sehr oft. Und mein Hund wird auch häufig mit einer leicht schäumenden Seife gewaschen. Die Seife wirkt nicht nur reinigend, sondern schützt den Hund auch vor Ungeziefer. Aber wie sauber man den Hund auch hält, bei jedem Spaziergang setzen sich wieder neue Insekten an ihm fest. Das Baden hilft auch, die ausgefallenen Haare zu entfernen, und das Einreiben des Seifenschaums wirkt wie ein Tonikum auf die Haut.

Eine weitere, häufig geäußerte Klage lautet: «Mein Hund riecht aus dem Maul.» Natürlich kann dieser Fall eintreten, wenn man nicht darauf achtet, daß der Hund das richtige Futter frißt, daß seine Verdauung in Ordnung ist, und daß seine Zähne sauber gehalten werden. Man ist manchmal entsetzt, wenn man einem Hund das Maul aufmacht und den Erhaltungszustand der Zähne sieht. Wir wissen, daß zum Beispiel die Staupe die Zähne des Hundes verfärbt, aber ein großer Teil dieser Ablagerungen auf dem Gebiß läßt sich beseitigen, wenn man dem Hund mit einem in Salzwasser getauchten Lappen oder mit Zahnpasta das Gebiß säubert. Sofort hört man Proteste: «Mein Hund läßt sich nicht das Maul aufmachen! Er würde mich beißen!» Meine Antwort darauf ist immer: «Warum haben Sie Ihren Hund nicht besser erzogen? Was passiert denn, wenn Sie Ihrem Hund eine Medizin eingeben wollen?» Vermutlich kommt es dann zu einem schrecklichen Durcheinander, zu bösem Knurren und wahrscheinlich dazu, daß die Medizin dem Besitzer über die Kleider geschüttet wird, während der Hund sich losreißt und neue Spannungen zwischen Hund und Besitzer entstehen. Ich bin der Meinung, daß Hunde von Jugend an dazu erzogen werden sollten, ruhig dazusitzen und sich ihr Maul untersuchen zu lassen; hierzu gehört auch das Abreiben der Zähne; und wenn eine Arznei eingenommen werden soll, sollte der Hund wissen, daß er «für seine Medizin herkommen» muß. Dann muß er trotz des unangenehmen Geruchs der Medizin lernen, diese ohne Beißen oder andere Abwehrreaktionen zu nehmen. Bei flüssiger Medizin ist dies relativ einfach, denn es gibt an der Seite des Hundemauls eine für diesen Zweck bequeme Tasche; man kann die Flüssigkeit in diese Tasche hineingießen und dann den Kopf des Hundes geringfügig auf die Seite neigen, so daß die Flüssigkeit geschluckt wird. Aber mit Tabletten ist es anders. Bei hungrigen Hunden, die ihr Fressen hinunterschlingen, kann man die Tablette leicht in ein Stück Fleisch hineinstecken, und der Hund frißt sie mit, ohne zu wissen, daß er etwas eingenommen hat; aber bei kranken Hunden, die sowieso nicht fressen wollen, muß man anders vorgehen. Ich öffne dem Hund immer das Maul und lege die Pille ganz hinten auf die Zunge. Der Hund wird zwar die Zunge vor- und zurückschieben, um die Pille auszuspucken, wenn man ihm aber den Kopf etwas auf die Seite neigt, rutscht die Pille hinunter. Unter gar keinen Umständen sollten Sie ihm die Pille in den Schlund stecken, denn eines Tages wird sie plötzlich in die Luftröhre geraten, und der Hund erstickt.

Dulden Sie nie, daß sich jemand niederbeugt und Ihren Hund streichelt, wenn er schläft. Er kann plötzlich aufwachen und aus Angst nach dem Menschen schnappen; dann wird er gescholten und hat ein neues Problem, mit dem er fertig werden muß.

Meines Erachtens ist es besonders schwierig, zu erreichen, daß sich der Hund damit abfindet, auf der Straße von allen möglichen Leuten gestreichelt zu werden. Meine Hündin, eine große Dogge, erregt Aufsehen, wo immer sie erscheint. Sie ist so hoch, daß man sie streicheln kann, ohne sich niederbeugen zu müssen. Und da man Hundeliebhaber nicht davon abhalten kann, Hunde zu streicheln (ebensowenig wie man Babyliebhaber davon abhalten kann, Babys zu küssen), muß man den Hund so erziehen, daß er sich einfach damit abfindet, ohne ärgerlich zu werden oder andererseits übertrieben freundlich zu sein. Es ist immer außerordentlich ärgerlich, wenn man seinen wohlerzogenen Hund vor einem Geschäft sich hinsetzen und warten läßt und dann beim Herauskommen feststellt, daß sich eine Menge um ihn versammelt hat, die versucht, ihn auf die Beine zu bringen oder ihn mit Lutschbonbons oder Wurst zu füttern. Wenn ein Hund voll ausgebildet ist, darf er natürlich von niemandem, außer von seinem Herrn, etwas zu fressen annehmen. Sonst besteht immer die Gefahr, daß er von einem Einbrecher oder von irgendeinem gemeinen Menschen vergiftet wird. Andererseits besteht aber das Risiko, daß ein so erzogener Hund, wenn er während der Abwesenheit seines Herrn in einen Zwinger kommt, dort das Fressen verweigert. Es hat solche Fälle gegeben, und die betroffenen Hundebesitzer haben sich natürlich große Sorgen gemacht. Wenn Sie Ihren Hund häufig in der Obhut von Freunden lassen müssen, ist es deshalb besser, ihm nicht beizubringen, daß er kein Fressen von anderen Menschen annehmen darf. Meine Hündin mußte gelegentlich Futter annehmen, während sie in einem Film auftrat, und ich mußte sie dann immer vorher mit der Person bekannt machen, die ihr den Bissen verabreichen sollte, und ihr klarmachen, daß dies vollkommen in Ordnung sei. Aber ich glaube nicht, daß sich viele meiner Leser so gut mit ihrem Hund verstehen wie ich mit dem meinigen. Denn wenn sie dieses Stadium bereits erreicht haben, hätten sie sich dieses Buch wahrscheinlich gar nicht erst gekauft.

Zu den Untugenden, mit denen wir uns hier befassen wollen, gehört zum Beispiel das schlechte Benehmen temperamentvoller Hunde, die zur Begrüßung an ihrem Herrn, an Besuchern oder sogar an Straßenpassanten hochspringen. Weitere Ratschläge betreffen Hunde, die im Haus alles anknabbern und die man nicht eine Minute allein lassen darf, wenn man noch eine lesbare Zeitung oder seine Pantoffeln unbeschädigt wiederfinden will. Dann sind da die Hunde, die pausenlos bellen, oder die anderen, die jeden Menschen wie einen lange vermißten Freund begrüßen und überhaupt nicht bellen (ein solcher Fall wurde kürzlich in den Zeitungen beschrieben, als sich ein Hund den Einbrecher zum Busenfreund erkor). Es gibt Hunde, die Katzen und andere Tiere jagen; Hunde, die wütend hinter Autos herrennen und den Briefträger beißen; abscheuliche Hunde, die ihren eigenen Herrn beißen; Hunde, die sich nur zur Fressenszeit sehen lassen oder wenn sie zum Schlafen ins Haus gelassen werden wollen. Da sind die Hunde, die das ganze

Haus verunreinigen, wenn es ihnen gerade in den Sinn kommt, und die deshalb aus hygienischen Gründen draußen gehalten werden müssen, weil man in der Wohnung keinen Hund dulden kann, der nicht stubenrein ist. Und dann gibt es Hunde, die so reinlich und gut erzogen sind, daß sie in fremder Umgebung nicht ihre Notdurft verrichten. Ich hatte einmal eine derartige Dogge, die mir viel Kummer bereitet hat. Es kostete mich an der See einen ganzen Tag und kilometerlange Spaziergänge, bis ich schließlich das Fleckchen Rasen gefunden hatte, auf dem sie sich verewigte. Da sind die Hunde, die auf alle Sitzmöbel springen und nicht wieder herunterkommen wollen. Und dann gibt es Hunde, die Essen stehlen, so daß man ständig auf der Hut sein muß und keine Lebensmittel in ihrer Reichweite aufbewahren darf. Und schließlich gibt es Hunde, die nicht kommen, wenn man sie ruft, und Hunde, die über alle anderen Hunde herfallen, so daß es immer eine Plage ist, mit ihnen spazierenzugehen. Wir werden alle diese Untugenden in gesonderten Kapiteln behandeln, und wenn ich dabei auch Ratschläge bezüglich anderer, in diesem Zusammenhang auftretender Probleme geben kann, werde ich es tun.

Ich möchte sagen, daß es ausnahmslos Ihre eigene Schuld ist, wenn Ihr Hund, nachdem Sie ihn ein halbes Jahr gehabt haben, irgendeinen der oben aufgeführten Fehler, mit Ausnahme der Nervosität, zeigt. Sie haben den Hund nicht konsequent genug in der richtigen Weise erzogen. Ich lerne bei meinen Lehrgängen jedes Jahr eine große Anzahl von Hundebesitzern kennen, und Hunderte, denen ich persönlich nie begegne, schreiben mir aus allen Teilen des Landes und bitten um Hilfe oder Rat bei der Erziehung ihrer Hunde. Ich gebe gern zu, daß es vielleicht irgendwo wirklich einen unerziehbaren Hund gibt, aber dies wäre eine seltene Ausnahme.

Jetzt ein Wort über die Hundebesitzer. Sie sind ein Kapitel für sich. Es gibt unter ihnen Hunderte, die sich eigentlich keinen Hund halten sollten, und zwar aus folgenden Gründen: Sie glauben, daß ihnen der Hund, wenn sie ihm alles geben, was er will, ihre Freundlichkeit mit Gehorsam und Zuneigung entgelten wird. Das ist Unsinn. Ein Hund muß von dem Augenblick an, da er ins Haus kommt, seinen Herrn respektieren. Im Leben jedes Hundes kommt einmal der Moment, wo Festigkeit am Platze ist. Wenn sich der Besitzer dann auf gutes Zureden verlegt, wird der Hund zum Herrn, und das echte Verständnis zwischen Mensch und Hund geht verloren. Viele Hundebesitzer halten es für grausam, dem Hund ihren Willen aufzwingen zu wollen. Sie glauben wirklich, ein Hund sei nur dann glücklich und zufrieden, wenn er jederzeit tun und lassen könne, was er will. Einige Hundehalter haben mir sogar – wenn auch nicht sehr logisch – gesagt, ich solle gefälligst meine Hündin, wenn sie läufig ist, in einen Zwinger fortschicken, damit ihr Hund nicht zu meinem Hause hingezogen wird und Raufereien mit anderen Hunden entstehen. Der Gedanke, sie selbst könnten ihren Hund unter Kontrolle halten, damit er meine Hündin zu Hause zufriedenläßt, kommt ihnen anscheinend gar nicht. Um diesen Leuten ihre eigenen Pflichten klarzumachen, habe ich gelegentlich ihre Hunde, die auf meinem Grund und Boden nichts zu suchen haben, zur nächsten Polizeistation gebracht, von wo sie sie wieder abholen und außerdem noch für die Verwahrung bezahlen mußten. Ein weiterer Irrtum ist der, daß sich ein Hund nur dann glücklich fühlt, wenn er auf dem Lande hinter Hasen und anderen Tieren herjagen kann; man dürfe ihm diese Freude nicht nehmen, indem man ihn zurückpfeift. Unzählige Male haben mir Leute erzählt, es habe zwei Stunden gedauert, bis sie ihres Hundes wieder habhaft werden konnten. Diese Hunde empfinden für ihren Herrn weder Liebe noch Respekt. Ein Hund, der seinen Herrn liebt, bringt es nicht über sich, außer Sicht- oder Hörweite zu sein; er wird nicht stundenlang herumstreunen.

Viele Hundehalter sind der Ansicht, daß ein Hund solange fressen sollte, bis er nicht mehr kann, und daß es grausam sei, dem Hund nur die korrekte Futtermenge zu geben, wie inständig er auch mit seinen wunderschönen Augen betteln mag. Es gibt ausgezeichnete Bücher über die Hundeernährung, und die meisten Hersteller von Trockenfutter für Hunde beraten den Hundebesitzer nur zu gern über das Füttern, deshalb will ich mich hier über dieses Thema nicht auslassen, außer um zu erklären, daß es keineswegs grausam ist, den Hund auf Diät zu setzen. Er wird dann nicht zu dick und infolgedessen zu träge, wenn man mit ihm einen längeren Lauf machen möchte, und schließlich wird seine Ernährung weniger kosten, wenn er seine abgemessene Ration bekommt. Ich bin allerdings der Ansicht, daß Hunde zusätzliche Vitamine nötig haben, die sie bei der üblichen Ernährung nicht immer bekommen. Meines Erachtens brauchen sie zur Ergänzung besonders die Vitamine A und B.

Tausende von Hundehaltern leiden täglich darunter, daß ihre Rüden darauf bestehen, bei jedem Laternenpfahl das Bein zu heben. Dies ist etwas, das ich nie zulasse. Mein Hund kann sich frei bewegen, so oft wie es möglich ist, und kann sich dann erleichtern, so oft er will, aber ich würde mich außerordentlich ärgern, wenn ich durch meinen Hund auf dem Weg durch die Straßen andauernd angehalten würde, und ich könnte geradezu zur Mörderin werden, wenn mein Hund versuchen sollte, seine Notdurft vor einem Schaufenster oder in der Nähe einer Haustür zu verrichten. Ich bin empört über die Art und Weise, wie Hundebesitzer solch ein ekelhaftes Benehmen zulassen. Wenn Hunde, die zu meinen Lehrgängen gebracht werden, so etwas versuchen, werden sie nur zweimal verwarnt und dann von der Teilnahme am Lehrgang ausgeschlossen. Dies soll nicht heißen, daß ich einem Welpen oder einem nervösen Hund nicht verzeihen könnte, wenn er sich einmal vergißt; ich will nur sagen, daß ein erwachsener Hund, dessen Besitzer sich nicht entsprechend um ihn kümmert und zuläßt, daß das Tier unseren Platz beschmutzt, entfernt wird. Die Ausbildungszeit dauert jeweils nur zweieinhalb Stunden, und jeder Hund kann sich während dieser Zeit zusammennehmen. Wenn nicht, kann der Besitzer das Tier jederzeit kurz ausführen. Die meisten Hundehalter glauben, das Herumschnuppern an Laternenpfählen sei natürlich und dürfe nicht unterbunden werden. Ich frage mich oft, ob sie auch ihre Kinder irgendwie erziehen. Für mich haben Hunde, wie ich schon gesagt habe, dieselbe Kapazität wie fünf Jahre alte Kinder, und ich finde, daß Hund oder Kind dieses Alters zur Reinlichkeit erzogen werden sollten. Und wenn ich mir Hundehalter betrachte, die behaupten, sie müßten alles aus der Reichweite ihrer Hunde entfernen, damit es nicht zerrissen wird, und die sich selbst die Schuld zuschieben, wenn trotzdem etwas kaputtgeht, weil sie einfach vergessen haben, die Sachen wegzuräumen, dann kann ich nur annehmen, daß sie sonst nichts zu tun haben. Ich habe jedenfalls in meinem bewegten Leben nicht die Zeit, so viel Sorgfalt walten zu lassen.

Was für eine Freude ist es doch, mit Leuten zusammenzutreffen, die ihre Hunde vernünftig erziehen und sich bemühen, den Ausbildungsanweisungen zu folgen; die ihre Hunde zu Hause ausbilden und als Belohnung dann einen reizenden und folgsamen Gefährten besitzen, der überallhin mitgenommen werden kann, ohne daß vorher alle möglichen Hindernisse aus dem Weg geräumt sein müssen.

Das Leben des Menschen wird reicher, wenn er einen Hund besitzt, aber diese Bereicherung wird noch erhöht, wenn es ein wohlerzogener, gesunder, reinlicher und intelligenter Hund ist.

Zweites Kapitel

Erziehung zur Stubenreinheit

Dieses Thema ist deshalb so schwierig zu behandeln, weil ich nicht weiß, unter welchen Umständen der jeweilige Hund erzogen werden muß. Doch gibt es allgemeine Grundsätze, nach denen, glaube ich, alle Hunde gleichermaßen behandelt werden müssen. Zunächst muß der Besitzer eines jungen Welpen davon ausgehen, daß sein Hund in einem Zwinger oder Schuppen herangewachsen ist, wo er zu jeder Tages- und Nachtzeit herumlaufen und sich erleichtern konnte, während er jetzt plötzlich etwas Neues hinzulernen muß. Hierbei hilft, daß er in seinem neuen Heim zu regelmäßigen Zeiten gefüttert wird und sich nicht beliebig oft an der Muttermilch laben kann. Da es für einen Welpen der natürliche Reflex ist, nach der Nahrungsaufnahme Wasser zu lassen, stellt dieser Umstand den ersten Schlüssel zur Erreichung der Stubenreinheit dar. Man setze den Welpen nach jeder Mahlzeit unverzüglich hinaus und gebe ihm denselben Befehl, den man später immer wieder gebrauchen wird. Ich verwende die Worte «Beeil dich», denn dann weiß niemand auf der Straße, wovon ich rede; es spielt aber keine Rolle, welche Worte man wählt, denn der Welpe wird in Zukunft diese Worte immer mit seinen Pflichten in Verbindung bringen. Sobald der Welpe Ihren Wünschen nachgekommen ist, loben Sie ihn und bringen Sie ihn wieder hinein, um mit ihm zu spielen. Schon kurz darauf wird er müde sein und sich nach seiner Mahlzeit anstandslos in seinen Korb oder Zwinger legen lassen.

Die nächste Frage bei der Erziehung zur Stubenreinheit tritt auf, wenn der Welpe nach einem langen Schlaf erwacht; dann müssen Sie bereitstehen, ihn sofort hinauszubringen. Die meisten Welpen winseln beim Aufwachen, um damit anzuzeigen, daß sie zu einer

Spielstunde oder einer Mahlzeit bereit sind. (Es ist unbedingt erforderlich, einen jungen Welpen ständig warm zu halten, wenn man ihn rasch stubenrein machen will; ein kalter Welpe kann seine Blase nicht unter Kontrolle halten.) Als nächstes kommt die schwierige Frage, was man tun soll, wenn der Welpe einen kleinen See auf den Fußboden gemacht hat. Einige Leute raten, man solle ihm die Nase hineinstecken. Was für eine unmögliche Idee! Wenn der Welpe eine Pfütze gemacht hat, fangen Sie ihn, zeigen Sie ihm, was er getan hat und schelten Sie ihn in entsprechendem Tonfall, dann führen Sie ihn sofort zum gewohnten Ort hinaus. Dieser gewohnte Ort ist ein weiteres wesentliches Glied in der Ausbildungskette. Der Welpe lernt rasch, diesen Ort mit seinen «Geschäften» in Verbindung zu bringen, und reagiert dementsprechend. Wenn Sie ihn nach dem Entstehen der Pfütze auf dem Fußboden hinausbringen und er dasselbe Geschäft wiederholt, loben Sie ihn besonders nachdrücklich und zeigen Sie Ihre Anerkennung durch den Tonfall Ihrer Stimme.

Am schwierigsten ist es, den Hund dazu zu erziehen, während der ganzen Nacht sauber zu bleiben; ich mußte manchmal meinen Welpen in meinem Zimmer schlafen lassen, so daß ich sofort, wenn er aufwachte, mit ihm hinausrennen konnte. Ich weiß, diese Methode macht ebensoviel Mühe wie die Sorge um ein Baby, aber ich habe meine kleinen Welpen immer schon nach etwa neun Wochen stubenrein gehabt; zweimal ist es mir sogar gelungen, sechs Wochen alte Welpen so weit stubenrein zu bekommen, daß ich sie ohne Panne mit mir ins Hotel nehmen konnte. Aber um das zu erreichen, muß man den Welpen dauernd beobachten und ihn beim kleinsten Anzeichen, das verräterisch sein kann, auf den Arm nehmen und hinausbefördern. Ein besonderes Problem tritt bei Bewohnern von Etagenwohnungen auf, die meistens nicht schnell genug die Treppen hinunterlaufen können; für sie empfiehlt sich die Benutzung eines großen Tabletts oder einer flachen Schachtel, die in der Ecke des Zimmers oder Vorplatzes aufgestellt und mit Erde oder irgend etwas anderem gefüllt wird, und an die sich der Welpe gewöhnt, wenn er sein Geschäft verrichten muß. Aber natürlich macht diese Methode dem Welpen nicht klar, daß es verboten ist, innerhalb des Hauses seine Notdurft zu verrichten. Ich bin wirklich der Meinung, daß Bewohner von Etagenwohnungen sich der Mühe unterziehen sollten, ihren Welpen auf die Straße hinauszubringen.

Sollte man einem Welpen einen Klaps geben, wenn er sich vergeht? Nach sechs Monaten, glaube ich, sollte man es tun, falls ihm Gelegenheit gegeben worden ist, sauber zu bleiben. Ich habe Welpen gekannt, die sich draußen getummelt haben und sofort nach der Rückkehr ins Haus dort ihre Notdurft verrichteten. In diesem Falle sollte man den Welpen beim Genick packen und ihm zeigen, warum er einen Klaps bekommt; anschließend setze man ihn sofort hinaus an die Luft.

Jetzt kommt die Frage, wie man einen Welpen nachts warm halten kann, so daß er durchschläft und somit sein Körbchen nicht naßmacht. Ich empfehle immer, den Welpen nachts an einem warmen Ort zu halten und ihm ein weiches Kissen in die Kiste zu legen, das sich beim Hineinlegen von allen Seiten so anschmiegt, als ob er unter seinen Geschwistern läge. Eine Wärmflasche ist keine gute Idee. Sie wird zu schnell kalt, und es besteht immer die Gefahr, daß die Flasche angeknabbert wird und der Inhalt die Kiste durchnäßt.

Ein weiteres Mittel, um einen Welpen rasch stubenrein zu machen, besteht darin, ihm schon früh am Morgen seine Milch oder andere flüssige Nahrung zu geben. Heben Sie das Fleisch oder anderes Festfutter für die Abendmahlzeit auf. Ich gebe die letzte Mahlzeit immer um zehn Uhr abends, denn Hunde verdauen langsam, und diese Mahlzeit hält gut bis zum Morgen vor. Ich verabreiche die letzte flüssige Nahrung um vier Uhr. Aber achten Sie darauf, den Welpen noch einmal kurz vor dem Schlafengehen an seinen Lieblingsort hinauszuführen. Wir haben einen kleinen schwarzbraunen Zwergterrier, den wir auf eine Reise mitnahmen; wir wohnten jede Nacht in einem anderen Hotel und erlebten mit ihm nicht eine einzige Panne. Wir hatten seine Decke mitgenommen und wickelten ihn nachts darin ein; dann legten wir ihn in den Kleiderschrank und ließen die Tür etwas offenstehen. Es war ein bequemes Bettchen, und ich konnte den Hund hören, sobald er aufwachte. Wenn ein Balkon vorhanden war, trug ich ihn hinaus; wenn nicht, ging ich mit ihm hinunter in den Garten. Aus allen diesen Gründen ist es immer ratsam, einen Welpen in den Sommermonaten zu kaufen; auf diese Weise brauchte ich einen jungen Hund nie im Winter zur Stubenreinheit zu erziehen.

Wenn man einen Welpen in relativ kurzer Zeit stubenrein machen will, sollte man ihn nie, solange er noch sehr klein ist, allein in einem Zimmer lassen, wo man ihn nicht dauernd unter Beobachtung hat. Legen Sie ihn in seine Kiste, wenn Sie das Zimmer verlassen müssen. Dadurch lernt er, ruhig an einer bestimmten Stelle liegenzubleiben, und er betrachtet diesen Platz schon bald als sein Zuhause. Ist ein Hund nicht stubenrein, so liegt es gewöhnlich daran, daß sein Besitzer sich nicht die Mühe macht, den Welpen zu beobachten und ihn notfalls rasch ins Freie zu bringen. Mütter von Kindern wissen, wie wichtig dieses Aufpassen ist; das gleiche gilt für Hundebesitzer.

Hündinnen haben eine ausgesprochene Abneigung dagegen, sich an einem anderen als dem gewohnten Platz zu erleichtern. Dies stellt ein besonders schwieriges Problem dar. Ich kenne keinen Rüden, der unter dieser speziellen Hemmung litte, so verschieden ist hier die Natur. Ich habe Hündinnen gekannt, die ihren Drang weit über zwölf Stunden zurückgehalten haben, was für sie außerordentlich gesundheitsschädlich ist. In diesem Punkt kann die Erziehung helfen, denn wenn man immer dasselbe Wort verwendet und die Hündin ihr Geschäft verrichtet, wenn man es ausspricht, dann wird sie wissen, daß sie sich nichts zuschulden kommen läßt, wenn sie die Straße benutzt, wo sie sich gerade befindet. Besonders schwierig liegt der Fall dann, wenn Sie eine Hündin haben, die nur an Gras gewöhnt ist. Deshalb bin ich dafür, daß ihr auch beigebracht wird, ihr Geschäft ebenfalls auf der Straße zu erledigen. All dies beruht auf einer Kombination von Worten und Handlungen, und man kann mit dieser Erziehung gar nicht früh genug anfangen. Ganz abgesehen von anderen Rücksichten ist es höchst unangenehm, seine Hündin zum Beispiel bei regnerischem oder unwirtlichem Wetter unverhältnismäßig lange ausführen zu müssen, während man sich bei entsprechender Erziehung Zeit und Ärger und eventuell eine Erkältung hätte ersparen können. Bei Zwingerhunden ist mir diese Hemmung nie aufgefallen, sie ist gewöhnlich auf sehr reinliche und stubenreine Hunde beschränkt.

Drittes Kapitel

Grundausbildung

«Wie früh soll ich mit der Erziehung meines Welpen beginnen?» lautet die immer wieder gleiche Frage, die mir so oft in Briefen gestellt wird. Ich bin im Gegensatz zu der manchmal vertretenen Meinung der Auffassung, daß ein Welpe, sobald er von der Muttermilch abgesetzt ist, nie zu jung ist, bestimmte kleinere Dinge zu verstehen. Ich lege dem ganz kleinen Welpen schon frühzeitig ein leichtes Katzenhalsband um, damit er sich daran gewöhnt, etwas um den Hals zu tragen. Er wird sich sicherlich erst hinsetzen und heftig kratzen, um das Halsband wieder loszuwerden, aber nehmen Sie darauf keine Rücksicht. Wenn der Welpe schon frühzeitig lernt, daß er ein Halsband tragen muß, wird es später in dieser Hinsicht keine Schwierigkeiten geben. Meist resigniert der Besitzer und legt ihm Gurtbänder an. Man kann einen Hund mit diesen Gurtbändern nicht zum Gehorsam erziehen, eine solche Maßnahme wäre also ein Schritt zurück. Wenn ein Hund mit diesem Geschirr auf einem meiner Lehrgänge erscheint, lege ich ihm ein Ketten-Gleithalsband an und höre nicht auf die Versicherungen des Besitzers, daß er «kein Halsband verträgt». Ich bin nicht der Meinung, daß ein in liebevoller Umgebung aufwachsender Hund mitzubestimmen hat, was er tun darf und was nicht. Dies hängt nur von dem Besitzer ab. Wenn er ein vernünftiger Hundeliebhaber ist, wird er nichts tun, was dem Hund schaden könnte, es sei denn, er weiß es nicht besser. Aber heutzutage gibt es absolut keine Entschuldigung mehr für die Unwissenheit bei der Hundeerziehung.

Also gut. Wir haben ein extrem leichtes Halsband gekauft, und der Welpe hat sich daran gewöhnt. Und wie steht es mit einer Leine? Man sollte einen ganz jungen Hund nicht im normalen Sinne an der

Leine ausführen. Auf der Straße besteht immer eine große Infektionsgefahr, und der Welpe wird schnell müde; aber vom dritten Monat an sollte man ihn jeden Tag zu einem kurzen Spaziergang an der Leine ausführen. Er ist nie zu jung, um zu begreifen, daß er auf das Kommando «Fuß!» an Ihre Seite zurückkommen muß. Aber eine ernsthafte «Bei-Fuß»-Ausbildung sollte erst beginnen, wenn der Welpe etwa dreieinhalb Monate alt ist. Besonders wichtig ist, daß dem Hund nicht gestattet wird, mit seiner Leine zu spielen oder auf ihr herumzukauen. Dies ist eine besonders schlechte Angewohnheit, die nur sehr schwer abzustellen ist. Ich hatte einmal in meinem Lehrgang einen Hund, der ein gutes Beispiel dafür ist, warum man einen Hund nicht mit seiner Leine herumspielen lassen soll. Jedesmal, wenn sein Herr an der Leine zog, stellte er sich auf die Hinterbeine und umklammerte die Leine mit den Vorderpfoten. Dadurch konnte man die Leine sinnvoll überhaupt nicht mehr anziehen. Der einzige Weg, diese Angewohnheit zu brechen, bestand darin, den Hund energisch auf den Boden zu ziehen, wenn er es tat. Wenn ein Welpe sich daran gewöhnt, beim Spaziergang mit seiner Leine zu spielen, wird er Ihre Autorität nie anerkennen, sondern nur hineinbeißen, wenn Sie ihm einen Ruck geben wollen. Ich werde weiter unten auf die richtigen Methoden eingehen, wie man einem Junghund beibringt, bei Fuß zu gehen.

Ein Welpe ist nie zu jung, um zu lernen, daß er, wenn Sie das Wort «Bett» oder «Kiste» oder «Korb» aussprechen, auf seinen Platz zu gehen und dort zu bleiben hat, solange Sie es wünschen. Wenn er aufsteht, um fortzulaufen, muß er mit Entschiedenheit und dem Kommando «Bleib auf deinem Platz» wieder zurückgelegt werden. Beruhigen Sie ihn mit der Hand, bevor Sie weggehen. Der Welpe würde natürlich viel lieber mit Ihnen spielen oder herumrennen, als in seinem Körbchen zu bleiben, aber dieses Training ist besonders wichtig. Sein ganzes Leben hindurch wird es Zeiten geben, wo er ruhig an einer bestimmten Stelle bleiben muß, weil Sie ihn nicht mitnehmen können, und gerade auf diese frühe Erziehung kommt es an. Wenn er bellt oder heult, gehen Sie wieder zu ihm hin und schelten Sie ihn. Denken Sie nie: «Armes kleines Hundchen, ich nehme ihn doch lieber auf den Schoß.» Wenn Sie dies tun, haben Sie die erste Schlacht verloren. Lassen Sie einen Welpen andererseits aber nie zu lange allein. Hat er erst einmal gehorcht und sich eine gewisse Zeit in seinem Korb ruhig verhalten, tollen Sie zur Belohnung ein wenig mit ihm herum.

Ich kann meine Leser gar nicht eindeutig genug auf die Notwendigkeit hinweisen, daß man mit einem Welpen zwar liebevoll, aber auch fest umgehen muß. In diesem Alter bildet sich bei ihm das Gefühl für Ihre Autorität heraus, und wenn er weiß, daß Sie schon beim geringsten Gewinsel nachgeben, haben Sie endgültig verspielt. Ihm schlechte Gewohnheiten auszutreiben, die sich im jugendlichen Alter herausgebildet haben, ist viel mühevoller als jegliche spätere Ausbildung. Das Bellen ist ein unentschuldbarer Trick, und wenn der Welpe immer weiterbellt, stellen Sie zunächst fest, daß er nicht hinaus muß, daß er sich wohlfühlt und schön warm ist, und daß er keinen Hunger hat. Wenn Sie sich hierüber vergewissert haben, lassen Sie ihn ruhig heulen, aber kommen Sie in regelmäßigen Abständen zurück, um mit fester Stimme mit ihm zu reden. Dann streicheln Sie ihn und sprechen ihm Mut zu, bevor Sie ihn wieder allein lassen. Nehmen Sie den Hund unter gar keinen Umständen aus seinem Korb, wenn er heult, außer um festzustellen, daß alles in Ordnung ist. Wenn der Welpe weiß, daß er auf den Arm genommen oder hinausgelassen wird, sind Sie verloren. Gewöhnlich wird ein Welpe zunächst zwei oder drei Nächte winseln, wenn er sein altes Heim verlassen hat; er vermißt die Wärme und Behaglichkeit seiner Geschwister oder seiner Mutter, und seine Kiste oder das Körbchen flößt ihm, wenn er darin allein gelassen wird, zunächst Angst ein. Aber bleiben Sie hart und versuchen Sie, ihm keine Beachtung zu schenken. Wärme ist das Allheilmittel für diese ersten Nächte. Kein Welpe kann in einem wirklich warmen Körbchen lange wach bleiben; er wird mit Sicherheit schläfrig.

Das Nächste, was wir abstellen müssen, ist sein Impuls, alles anzuknabbern, was er sieht. Dieser Drang ist für ihn etwas Natürliches; er zahnt und will auf allem herumkauen, um seinen kleinen Zähnen zum Durchbruch zu verhelfen. Die Lösung ist natürlich die, ihm viel Spielzeug zu geben, das er zerkauen darf. Meine Welpen haben immer viele Knochen zur Verfügung, große Markknochen, keine kleinen, die leicht splittern. Ein Gummiknochen ist nützlich oder ein harter, alter Hundekuchen, sogar ein alter Pantoffel. Geben Sie dem Welpen viel Spielzeug, aber sobald er etwas anrührt, das er nicht anknabbern darf, müssen Sie ihm mit fester Stimme sagen: «Pfui!» Nehmen Sie ihm den Gegenstand weg und legen Sie ihn dann wieder hin; wenn er wieder versucht, ihn zu nehmen, schimpfen Sie ihn aus und geben Sie ihm den Befehl «Laß das!»; legen Sie ihn ihm wieder hin und wiederholen Sie das Wort «Laß das!». Er wird bald wissen, daß er diesen Gegenstand nicht anrühren darf. Dasselbe gilt für das Stibitzen von Lebensmitteln. Wenn Sie ihn beim Stehlen erwischen, nehmen Sie ihm den Bissen weg und schelten Sie ihn mit demselben «Laß das!». Bieten Sie ihm das Stück wieder an, und so weiter. Wenn Sie ihm sein eigenes Fressen hinstellen, tun Sie es mit besonderem Lob und immer in derselben Schüssel. Wenn Sie verschiedene Näpfe verwenden, kann der Hund nur schwer auseinanderhalten, was er fressen darf und was nicht. Lehren Sie ihn, sich ein Stück Fleisch zwischen die Pfoten bei gleichzeitigem Kommando «Laß das!» legen zu lassen; kurz darauf geben Sie ihm das Stück Fleisch mit ausdrücklichem Lob. Alles, was Sie ihm geben, ist erlaubt, alles, was er sich einfach nimmt, ist verboten. Dies ist auch eine Hilfe, wenn Leute ihm auf der Straße etwas zu fressen geben wollen: er wird auf Ihre Erlaubnis warten, bevor er den Bissen nimmt.

Füttern Sie Ihren Welpen zu ganz regelmäßigen Zeiten. Meine Hunde kennen den Zeitpunkt fast auf die Sekunde genau, und ich lege besonderen Wert darauf, sie (übrigens auch alle meine anderen Tiere) genau nach der Uhr zu füttern. Wenn ich mich zufällig im Auto unterwegs befinde, halte ich an und füttere den Hund zur richtigen Zeit. Ich nehme das Fressen immer mit. Dadurch bleibt ihr Verdauungsapparat in Ordnung. Denn die Natur läßt Speichel und Verdauungssäfte zu diesen bestimmten Zeiten von selbst in Fluß geraten. Ich habe oft gesehen, wie mein Hund zu sabbern anfing, wenn die Fressenszeit herangekommen war.

Das Hochspringen ist meiner Ansicht nach eine der schlimmsten Unarten bei einem schlecht erzogenen Hund. Bei einem Welpen ist man zwar geneigt, ihm dies als Beweis überschwenglicher Freude durchgehen zu lassen, wenn der Hund aber später mit schmutzigen Pfoten hereinkommt und an Ihnen hochspringt, um zu spielen oder gestreichelt zu werden, können Sie sich Ihr Kleid oder den Anzug ruinieren. Deshalb sollte man dies bereits frühzeitig abstellen. Ich knie mich immer nieder, wenn ich einen kleinen Hund besonders loben will, so daß die Lust, an mir hochzuspringen, gar nicht entsteht. Der Hund springt nur hoch, um Ihrem Gesicht näher zu sein. Gesichter sind für Hunde faszinierend. Ein gut ausgebildeter Hund nimmt während eines Wettbewerbs nie die Augen von seinem Herrn, und der Drang, dem Gesicht des Herrn möglichst nahe zu sein, beginnt schon sehr früh im Leben des Hundes.

Ich werde oft gefragt: «Kann ich mir irgendeine Krankheit zuziehen, wenn ich meinen Hund küsse?» Ich antworte stets, daß zwar nur sehr wenige Krankheiten vom Hund auf den Menschen übertragen werden können; wenn Sie aber Ihrem Hund einen Kuß geben wollen, dann nicht auf die Nase oder Schnauze. Ich lege immer mein Gesicht gegen die Wange des Hundes, so daß ich ihm irgendwelche Koseworte ins Ohr flüstern kann. Ich habe unserem kleinen englischen Zwergterrier beigebracht, einen Kuß zu erwarten; die Hündin legt den Kopf auf die Seite und wartet, bis ich ihr den Kuß gegeben habe; dann zeigt sie ihre große Freude dadurch, daß sie die Oberlippe tatsächlich zu einem Lächeln heraufzieht. Manchmal muß ich ihr fünf oder sechs Küsse geben, bevor sie zufrieden ist; ich muß sie wirklich sehr lieb haben! Hunde lieben Beweise der Zuneigung über alle Maßen. Ich kenne nur wenige Besitzer, die ihren Hunden wirklich die Liebe zuteil werden lassen, die sie brauchen. Natürlich gibt es auch Leute, die dies übertreiben, aber mit ihnen wollen wir uns nicht befassen; ihnen fehlt im normalen Leben wahrscheinlich die menschliche Zuneigung, und sie überschütten deshalb ihre Hunde mit Liebesbezeugungen. Man darf das Kind nicht mit dem Bade ausschütten. Meines Erachtens ist es wesentlich, mit dem Hund ebenso oft wie mit einem Kind zu sprechen. Sie werden staunen, wie viel Ihr Hund versteht, und zwar nicht nur durch den Tonfall, sondern von tatsächlichen Worten. Ich spare mir selbst viele unnötige Wege, indem ich meinen Hund beauftrage, hinzugehen und die Anweisungen «Mach die Tür zu» oder «Hol die Zeitung» etc. auszuführen. Ich habe überhaupt keine Schwierigkeiten, dem Hund etwas Neues beizubringen, denn er kennt bereits viele Grundwörter, zum Beispiel: «geh», «bring's her», «leg's dorthin», «komm», «sitz», «bleib», «Platz», «weg», «in die Ecke», «geh 'rum», «umdrehen», «geh zurück» etc.; es gibt im Vokabular eines Hundes eine sehr große Anzahl von Wortkombinationen. Es ist Ihre Aufgabe, dem Hund dabei zu helfen, sich dieses Vokabular zuzulegen; dabei beginnen wir mit seinem Namen und fügen dann einfache Worte hinzu, wie zum Beispiel «Platz!», «Laß das!» und «Pfui!», die bereits erwähnt worden sind, dann vielleicht «Knochen», «Fressen» und die verschiedensten Namen von Gegenständen oder Handlungen, die ihm Freude oder Spaß bereiten. In demselben Maße, wie sein Verständnis für Einzelwörter wächst, kann er auch aneinandergereihte Klangkombinationen begreifen.

Jetzt haben wir mehrere wichtige Aspekte der Grundausbildung behandelt: wir haben unseren Hund stubenrein gemacht; wir haben ihm beigebracht, ruhig in seinem Körbchen zu liegen und keine Lebensmittel mehr zu stehlen. Wir kommen jetzt zu der schwierigen Frage, inwieweit wir ihn dazu ermuntern sollten, beim Klingeln des Telefons oder der Türglocke zu bellen, und wie wir ihm beibringen sollen, mit dem Bellen anzufangen oder aufzuhören. Es ist ganz einfach, ihm das Bellen beizubringen, wenn man jemanden an die Tür klopfen läßt und man dann aufgeregt und gewissermaßen selbst «bellend» zur Tür läuft. Der Hund versteht dieses Spiel schon bald und sollte eigentlich in weniger als einer Stunde lernen, was von ihm erwartet wird. Schwieriger wird es allerdings, wenn man ihm klarmachen will, daß er mit dem Bellen aufzuhören hat. Gehen Sie, während er bellt, zur Tür und machen sie auf. Wenn es ein Freund ist, sagen Sie zum Hund «genug», und wenn er nicht sofort aufhört zu bellen, schelten Sie ihn und legen ihn sofort in seinen Korb. Er wird bald das Wort «genug» damit in Verbindung bringen, daß er in den Korb gelegt wird, und wenn Sie sagen «genug», wird er bald mit dem Bellen aufhören, weil er fürchtet, in seinen Korb gelegt zu werden. Außerdem bringt er das Wort mit der Schelte in Verbindung. Aber vergessen Sie nie, ihn zu loben, wenn er bellt, und zwar zunächst mit «braver Hund!», gefolgt von «genug» und dem Befehl, sich niederzulegen. Nur wenige Hunde bellen weiter, wenn sie liegen.

Manche Hunde bellen stundenlang, wenn sie allein im Haus gelassen werden. Der Grund ist ein Gefühl des Verlassenseins, und das Gebell ist eigentlich ein Kompliment für den Herrn. Aber es ist außerdem eine Unsitte, die abgestellt werden muß. Das einzige Mittel hierfür ist, den Hund, während Sie noch im Haus sind, mit seiner Decke oder seinem Korb in ein anderes Zimmer zu setzen und darauf zu achten, daß er sich dort ruhig verhält. Zunächst wird er laut bellen. Der Besitzer muß dann höchst verärgert zu ihm gehen und ihn in zornigem Ton wieder in seinen Korb verweisen. Der Hund wird versuchen, das Mitleid seines Herrn zu erregen, aber man darf jetzt unter gar keinen Umständen nachgeben. Wenn Sie ihn dazu gebracht haben, daß er sich hinlegt, ändern Sie den Ton Ihrer Stimme und reden Sie ihm lobend gut zu. «Bleib da, bist ein braver Hund», und lassen Sie ihn dann wieder allein, indem Sie sich langsam entfernen. Falls sich der Hund eine halbe Stunde ruhig verhält, gehen Sie wieder zu ihm und loben Sie ihn besonders nachdrücklich. Dann lassen Sie ihn herumspringen und nehmen ihn ins Wohnzimmer mit; zeigen Sie ihm, daß er der klügste und beste Hund auf der ganzen Welt sei. Wenn Sie dies täglich wiederholen, wird der Hund lernen, daß Sie wieder zurückkommen, und wird sich schließlich an jedem ihm zugewiesenen Platz ruhig hinlegen. Aber dieses

Ergebnis erreicht man nicht an einem Tag, und auch nur dann, wenn man absolut konsequent vorgeht. Ich bleibe bei meiner Meinung, daß der Erziehungserfolg davon abhängt, ob sich der Mensch mit Liebe und Festigkeit bei dem Hund durchzusetzen vermag. Der Hund muß den Eindruck gewinnen, daß es ihm schlecht geht, wenn er nicht tut, was man von ihm verlangt, daß er aber viel Spaß haben wird, wenn er folgsam ist.

Meines Erachtens wird ein Hund, der so erzogen ist, daß er zu Hause still auf seinem Platz liegen bleibt, auch draussen im Auto ruhig auf seinen Herrn warten. Ich denke mir oft, daß es besser ist, den Hund im Auto als vor einem Laden warten zu lassen, obwohl ich oft entsetzt bin, wenn ich sehe, wie gedankenlos manche Hundebesitzer die Scheiben der Autofenster bei heißem Wetter geschlossen halten, so daß der Hund unter der stickigen Luft leiden muß. Der Hund sollte so erzogen sein, daß er nicht hinauszuklettern versucht, wenn die Fenster ein paar Zentimeter heruntergekurbelt sind. Man sollte ihm zunächst seine eigene Decke oder sein Kissen auf den Rücksitz legen, damit er vertraute Dinge um sich hat. Er sollte bellen, wenn sich ein Fremder dem Auto, das er bewacht, zu sehr nähert. Es ist für jeden Hund eine natürliche Sache, das Eigentum seines Herrn zu bewachen. Sollte dem Hund dieser Bewachungsinstinkt fehlen, so sollte er ihm mit Hilfe eines Freundes anerzogen werden. Verabreden Sie mit einem Freund, daß er sich dem Wagen nähert und die Hand auf die Klinke legt, und dann befehlen Sie Ihrem Hund mit erhobener Stimme: «Faß!» Dieses Wort muß mit solcher Heftigkeit ausgesprochen werden, daß der Hund in einen Zustand großer Erregung gerät und von sich aus bellt. Sobald er dies tut, loben Sie ihn und wiederholen Sie diese Prozedur notfalls mehrmals, damit der Hund begreift, daß er ein Wachhund ist. Das Zubeißen wird nur dann gelehrt, wenn der Fremde Schutzkleidung trägt, aber ich glaube, daß man sich im allgemeinen damit zufriedengeben

Tafel 1. Richtiges Anlegen des Ketten-Gleithalsbandes. a) Kette senkrecht an beiden Ringen halten; b) Kette durch den unteren Ring fallen lassen; c) Zugteil muß am Hundehals oben sein; d) Kette ist locker, sobald der Zug nachläßt. ▷

kann, wenn der Hund im Auto bellt. Dem Hund das Beißen beizubringen, ist ein riskantes Unternehmen; die Dressur von Wachhunden ist Sache von Spezialisten, und der normale Hundebesitzer
sollte sich im allgemeinen davor hüten, seinem Hund mehr beizubringen, als wütend zu bellen. Sobald ein Hund erst einmal gelernt
hat, Menschen anzufallen, sind ihm diese Lektionen nur sehr
schwer wieder auszutreiben.

Ich bekomme immer wieder Briefe von Hundebesitzern, deren
Hunde ihrem Herrn die Hosenbeine oder Mäntel an den Rändern
zerreißen; sie zerreißen auch die Kleidung von jedem Gast, der das
Haus betritt. Das rascheste mir bekannte Heilmittel ist folgendes:
Sie gehen zu dem Haus und begeben sich direkt in die Küche,
füllen einen kleinen Krug mit Wasser, gehen weiter, und wenn der
Hund anfängt, Ihre Kleidung anzuknabbern, schütten Sie ihm
etwas Wasser über den Kopf. Der Hund bekommt einen solchen
Schreck, daß er es so bald nicht wieder tut. Diese Methode ist besser
als die größte Schelte, denn der Hund weiß nicht, woher das Wasser
kommt; er merkt nur, daß das Zerreißen von Kleidungsstücken mit
dem Wasserfall in Zusammenhang steht.

Hunde, die Hühner reißen, sind so oft als unerziehbar eingeschläfert worden, daß ich meinen Lesern hier unbedingt zu einem Gegenmittel raten möchte, das meines Wissens noch nie versagt hat.
Man muß dazu zwar ein weiteres Huhn schlachten, aber es lohnt
sich. Man lege den Hund an eine sehr lange, etwa sechs Meter
reichende Schnur; wenn es eine dünne Schnur ist, merkt er nicht,
daß er angeleint ist. Dann schlachtet man ein Huhn, und während
es noch nach dem Tode flattert, wirft man es weg. Der Hund wird
sofort darauf zustürzen, um es zu töten. Dann ziehen Sie den Hund
mit scharfem Ruck an der Schnur zurück, heben Sie das Huhn auf
und schlagen Sie es dem Hund um die Ohren. Die Federn werden
ihm über das ganze Gesicht fliegen, und er wird zu entkommen ver-

◁ Tafel 2. Ketten-Gleithalsband am Hund. a) Richtig angezogen; b) falsch angezogen; c) ein vorbildlich hundefreundlicher Maulkorb.

suchen, aber Sie haben ihn an der Schnur. Setzen Sie diese Prozedur etwa zehn Sekunden fort, ohne ihn dabei so hart zu treffen, daß er verletzt wird, denn das Geheimnis liegt darin, daß er Angst bekommt, das Huhn könne ihn attackieren. Anschließend werfen Sie das Huhn auf die Erde und lösen Sie die Schnur. Falls er nur im geringsten erkennen läßt, daß er sich wieder auf seine Beute stürzen will, wiederholen Sie den Vorgang, aber schlagen Sie ihn diesmal erheblich stärker. Ich kenne keinen Hund, bei dem diese Behandlung häufiger als zweimal nötig gewesen wäre. Der alte Trick, dem Hund ein totes Huhn um den Hals zu hängen, zeitigt überhaupt keine Wirkung.

Ich erhielt vor kurzem den dringenden Telefonanruf einer Dame. Sie sagte mir, ihr Hund habe Besitz von ihrem Bett ergriffen, und weder sie noch ihr Ehemann könnte ihn daraus entfernen; er habe sie bereits gebissen, als sie sich ihm nähern wollten. Dies ist ein häufig auftretendes Ärgernis; Hunde nehmen sich oft den besten Stuhl und weigern sich, wieder herunterzukommen. Vielleicht gibt der Besitzer das erstemal nach, aus Faulheit oder Angst, also tut es der Hund wieder. Wenn Sie ins Bett gehen wollen und können es nicht, weil der Hund nein sagt, dann ist die Sache allerdings ernser. Ich eilte dem Ehepaar zu Hilfe, und es war für mich eine sehr unangenehme Sache, denn der Hund spürte sofort, daß hier jemand auftrat, der keinen Unsinn dulden würde, und sprang schweifwedelnd vom Bett herunter, tat sein Bestes, um mir zu zeigen, was für ein reizender Hund er sei; er leckte mir das Gesicht und benahm sich übertrieben freundlich. Ich sagte dem Besitzer, er solle den Hund wieder in das Bett zurücklegen, während ich hinausging, aber der Hund wußte, daß dies nicht der geeignete Augenblick war, um seinen Auftritt zu wiederholen, und ließ sich von seiner Herrin widerstandslos vom Bett herunternehmen. Das Heilmittel, das der Besitzer hätte anwenden sollen, wäre folgendes gewesen: er hätte sich dicke Handschuhe und einen Mantel anziehen, den Hund am Schlafittchen packen, ihn tüchtig durchschütteln und dem Hund zeigen sollen, daß es gar keinen Sinn hatte, durch den dicken Stoff oder das Leder durchbeißen zu wollen. Man habe immer eine lange Schnur zur

Hand, mit der man den Hund vom Bett oder Sessel herunterziehen kann.

Ich fragte, was dieses reizende Tierchen sonst noch für Tricks auf Lager habe, und erfuhr, daß es sehr gern Lebensmittel stehle; wenn ihm jemand den Bissen wieder wegnehmen wolle, beiße er. Also bat ich die Dame, ein Stück Fleisch zu holen, und der Hund fiel sofort darüber her. Ich nahm das Fleisch, und als das Tier wieder danach schnappte, rief ich mit Donnerstimme «Laß das!». Der Hund schrak verblüfft zurück, ich hielt ihm das Fleisch wieder hin und wiederholte «Laß das!» in normalem Tonfall; der Hund unternahm keinen Versuch, das Fleisch anzurühren. Dann gab ich es dem Hund, lobte ihn ausdrücklich und redete ihm gut zu. Er fraß es mit Vergnügen. Jetzt kam der echte Test, denn ich wollte dem Hund das Fleisch wieder wegnehmen, das er bereits im Maul hatte. Ich gab ihm einen großen Brocken, an dem er zu kauen haben würde, und kaum hatte er das Fleisch im Maul, rief ich wieder mit Donnerstimme «Laß das!». Der Hund hörte auf zu kauen, ich öffnete ihm das Maul und nahm ihm das Fleisch weg. Dann gab ich es ihm mit Worten des Lobes wieder zurück. Meines Erachtens sollte ein wohlerzogener Hund auf Befehl alles fallen lassen, was er gerade frißt. Ich habe meinem Hund auf diese Weise beigebracht, nie einen Kaninchenknochen zu fressen. Ich entferne zunächst alle Knochen aus dem Fleisch, doch entgeht mir gelegentlich einer. Ich beobachte den Hund beim Fressen, und sobald ich höre, daß ein Knochen zersplittert, gebe ich dem Hund die Anweisung, den Knochen fallen zu lassen. Der ganze Bissen fällt dem Hund sofort aus dem Maul, und ich entferne den Knochen. Nach einiger Zeit wird dem Hund klar, daß es hier nur auf den Knochen und nicht auf das Fleisch ankam, und wenn er jetzt auf einen Knochen beißt, läßt er den Bissen sofort in seinen Napf zurückfallen und frißt nur das Fleisch. Auf dieselbe Weise kann ich dem Hund einen Hammelknochen geben und ihm sagen, er solle nur solange den Knochen abnagen, als er nicht splittert. Beim ersten Krach läßt er den Knochen fallen und rührt ihn nicht wieder an, bis ich ihn auf Gefahrlosigkeit untersucht habe.

Jedes Mittel, bissigen Hunden, die sich die Zähne an ihren Besitzern schärfen, ihre Unart abzugewöhnen, beginnt mit dem Schutz für den Besitzer; sobald dieser weiß, daß der Hund ihn mit Sicherheit nicht in die Hand beißen kann, geht er selbst zum Angriff über, und der bissige Hund bekommt, was er nicht erwartet hat. Ich empfehle immer einen losen Maulkorb (Tafel 2). Sobald der Hund beißen will, weil er vergißt, daß er den Maulkorb trägt, schelte ich ihn besonders streng und zwinge ihn, mindestens drei- oder viermal nacheinander zu tun, was ich von ihm verlange. Diese Methode hat bei mir noch nie versagt. Bei manchen Hundebesitzern hat sie allerdings nicht gewirkt, weil diese Leute ihrem Hund «so etwas nicht antun» wollen, aber bei bösartigen Hunden ist man zur Ergreifung strenger Maßnahmen gezwungen. Es ist wahrscheinlich in erster Linie die Schuld des Besitzers, wenn er seinem Hund gestattet, bissig zu werden. Ich habe immer festgestellt, daß dicke Lederhandschuhe und ein Herrenmantel, der mir über die Hände hinaus reicht, ausreichenden Schutz gegen jeden Hund gewähren, obwohl nur etwa vier Hunde in meinem ganzen Leben tatsächlich versucht haben, mich zu beißen. Sie tun letzten Endes doch, was ich will, und lieben mich erstaunlicherweise deswegen. Die ungezogensten Hunde und ich empfinden eine große Zuneigung zueinander, und einige der «geheilten» bestehen in meinem Lehrgang geradezu darauf, von mir gestreichelt und geküßt zu werden. Mir sind diese Hunde die liebsten. Wenn mir ein wirklich bösartiger Hund gebracht wird, ist er für mich eine Herausforderung, die meine Hundeliebe auf die Probe stellt, und ich bin erst dann befriedigt, wenn sich der Hund anständig benimmt und seinen Glauben an den Menschen wiedergewonnen hat. Denn diesen Glauben hatte er verloren, sonst wäre er nicht so bösartig geworden.

Einige Hundebesitzer geraten ständig in Verlegenheit, weil ihre Hunde hartnäckig hinter Katzen und anderen Tieren herjagen. In den meisten Fällen liegt auch hier meines Erachtens die Schuld beim Herrn. Die Hundehalter sehen es vielleicht nicht gern, wenn Katzen aus der Nachbarschaft in ihren Garten kommen, und haben die

Eindringlinge selbst verjagt. Der Hund hat dies gesehen und den wütenden Tonfall seines Herrn gemerkt; er hält das für ein großartiges Spiel. Möglicherweise läßt der Besitzer seinen Hund sogar an der Katzenjagd teilnehmen. Wie soll also der Hund wissen, daß es verboten ist, Katzen zu jagen, wenn sein Herr es selber tut? Aber vielleicht ist die schlechte Angewohnheit gar nicht so entstanden; es mag sein, daß der Hund von Natur aus jedes Tier jagt, das vor ihm herrennt. Wenn man dem Hund diese Neigung schon frühzeitig durch einfache Schelte austreibt, tritt sie vielleicht nie wieder auf. Aber wenn man zu spät etwas unternimmt, kommt unsere alte Freundin, die lange Schnur, wieder zu ihrem Recht. Man sollte den Hund mit hinausnehmen und ihn an der Schnur so frei wie möglich laufen lassen. Falls er irgendeinem Tier nachjagen will, geben Sie ihm einen scharfen Ruck und schelten Sie ihn aus; dann lassen Sie ihn wieder laufen. Tut er es wieder, geben Sie ihm einen gehörigen Klaps. Er wird allmählich begreifen, daß die wilde Jagd gar nicht so lustig ist, wie er sich gedacht hat. Meine Dogge hat sich mehrmals an Blindensammlungen auf großen Katzenausstellungen beteiligt und ist zusammen mit den Katzen, die entweder in ihren geräumigen Käfigen saßen oder vergnügt zwischen den Pfoten der Dogge herumspielten, fotografiert worden. Ich kann es nicht ausstehen, daß Tiere unfreundlich zueinander sind. Einer der reizendsten Anblicke war es für mich, als meine Dogge einem neugeborenen Kälbchen das Gesicht ableckte, als hoffte sie, das Fehlen der Mutter auf diese Weise wiedergutmachen zu können.

Ich finde, ich sollte am Schluß dieses Kapitels noch ein paar Worte anfügen über die ärgerliche Angewohnheit einiger Hunde, am Menschen hochzuspringen. Ich habe bereits geraten, immer niederzuknien, wenn man mit seinem Hund spricht, aber dies hilft nicht bei einem eingefleischten «Hochspringer». Es gibt zwei Wege, solche Hunde zu erziehen. Wenn die erste Methode versagt, was wir nicht hoffen, hilft die zweite bestimmt. Der erste Weg ist folgender: Wenn Ihr Hund auf Sie zustürzt und an Ihnen hochspringt, fassen Sie ihn rasch am Halsband und sagen: «Nein, pfui, sitz!»; gleichzeitig ziehen Sie ihn, während Sie ihn am Halsband dicht unter der Schnauze halten, zum Sitzen hinunter. Wenn er dann vor Ihnen sitzt, loben Sie ihn ausgiebig und tun Sie dies kniend, damit er das Gefühl hat, Sie seien ebenso groß wie er. Die andere Methode ist wesentlich strenger; man gibt ihm einen Klaps auf die Nase und fährt ihn an: «Platz!» Einige Leute meinen, man sollte eine zusammengerollte Zeitung dazu benutzen, aber ich bin anderer Ansicht. Der Hund schnappt womöglich nach der Zeitung und hält das ganze für ein Spiel. Vergessen Sie nicht, den Hund zu loben, wenn er, statt an Ihnen hochzuspringen, sich hinsetzt oder hinlegt. Denn dieses Hochspringen ist schließlich nur der Ausdruck seiner Zuneigung zu seinem Herrn.

Und zum Schluß möchte ich noch auf einen Punkt hinweisen, der besonders für Hausfrauen von Interesse ist. Wenn Sie Ihrem Hund beibringen, an der Haustür erst auf die Erlaubnis zum Eintreten zu warten, können Sie ihm gegebenenfalls die schmutzigen Pfoten säubern und dadurch Ihre Teppiche schonen. Andere Aspekte des «Bleib da!» werden im neunten Kapitel behandelt.

Viertes Kapitel

Fortgeschrittene Ausbildung

Ihr Welpe hat jetzt das Alter erreicht, wo er als größerer und manchmal ungebärdiger Hund lernen sollte, bei Fuß zu gehen. Dies sollte er mit oder ohne Leine können. Denn wenn Sie vielleicht auch nur gelegentlich mit dem Verkehr in Berührung kommen, ist es immer unklug, den Hund auf der Straße ohne Leine zu führen. In Städten ist die Leine natürlich unabdingbar. Es gibt Menschen, die mit ihren hervorragend erzogenen Hunden angeben wollen und sie ohne Leine laufen lassen. Das werden sie solange tun, bis eines schönen Tages irgend etwas Unerwartetes eintritt, der Hund vor Schreck auf die Straße springt und einen Unfall verursacht. In England werden zum Beispiel jedes Jahr 70000 Verkehrsunfälle durch Hunde verursacht; bei 3000 dieser Unfälle kommen Menschen zu Schaden. Sicherlich wollen die Leser dieses Buches nicht, daß ihre Hunde den Tod eines Menschen verschulden oder selbst auf der Straße zu Tode kommen, und als erste Vorsichtsmaßnahme lege man den Hund (außer auf dem Lande oder auf freiem Feld) an die Leine.

Den Hund an der Leine zu führen, bedeutet für den normalen Hundehalter das mühselige Geschäft, sich dem Schrittempo des Hundes anpassen zu müssen, mit jedem anderen Hund auf der Straße zu reden, an jeder Ecke stehenbleiben zu müssen und dem Hund in jeder Hinsicht zu Willen zu sein. Wenn ich mit meinem Hund ausgehe, bleibt er bei Fuß, nimmt von anderen Hunden keinerlei Notiz und paßt seine Geschwindigkeit der meinigen an; bleibe ich vor einem Schaufenster stehen, wartet er bei Fuß. Bleibe ich stehen, um mit einer Freundin zu sprechen, setzt sich mein Hund hin und wartet ohne besondere Aufforderung geduldig, bis ich weitergehe.

Ich liebe das Bewußtsein, meinen Hund bei mir zu haben, ohne an diese Tatsache ständig auf unangenehme Weise erinnert zu werden. Um einen Hund zu diesem Stadium des Gehorsams zu erziehen, braucht man Zeit und Geduld, aber es gelingt jedem, der davon ausgeht, daß es vor allem auf große Geduld, große Liebe zum Hund und vor allem auf Willenskraft und Entschlossenheit ankommt. Es gibt viele Methoden der Hundeerziehung, und ich will gar nicht behaupten, daß die meinen die einzig richtigen seien. Ich bilde eine große Anzahl von Hunden in der kürzestmöglichen Zeit aus, denn mir gefällt diese Tätigkeit, und rasche Ergebnisse bedeuten, daß ich um so mehr Hunde ausbilden kann. Alles, was in diesem Buch steht, ist in vielen, vielen Fällen ausprobiert worden und hat sich als nützlich erwiesen, aber ich lerne immer wieder neue und höchst erfolgreiche Methoden hinzu. Ich hatte zum Beispiel vor einiger Zeit große Schwierigkeiten, einem Hund beizubringen, seine Übungshantel zu holen. Bei mir tat er es mit Vergnügen, denn meine Stimme klang enthusiastisch, aber seine Besitzerin ist sehr schüchtern und konnte ihrer Stimme nur schwer diese ausgesprochen erwartungsvolle Note geben. Mir fiel die Freude auf, mit der der Hund herumsprang, nachdem er die Übung gut durchgeführt hatte, und in meiner eigenen, freudigen Erregung klatschte ich einmal kurz in die Hände. Das nächstemal ließ ich die Besitzerin das Kommando geben und klatschte dabei in die Hände; der Hund rannte mit sichtlicher Begeisterung los und verband offenbar mein Händeklatschen mit dem Spaß, eine Übungshantel zu bringen; ich hatte auf diese Weise durch Zufall ein Mittelchen entdeckt, um in solchen Fällen zu helfen.

Viele Hunde heulen hysterisch, wenn sie sich niederlegen sollen oder wenn man etwas von ihnen verlangt, das sie nicht tun wollen. Es ist dann für den Besitzer außerordentlich schwer, nicht sofort nachzugeben, damit der Radau aufhört und die Nachbarn womöglich glauben, man sei grausam zu seinem Hund. In Wirklichkeit ist es grausam, in diesem Falle nachzugeben, denn der Hund kann dann seiner Nervosität freien Lauf lassen. Verschließen Sie Ihre Ohren und zwingen Sie den Hund zu tun, was Sie verlangen, und loben und streicheln Sie ihn ermutigend während dieser Prozedur; wiederholen Sie die Übung drei- oder viermal mit viel Liebkosungen, und Sie werden Ihrem Hund geholfen haben, seine Hysterie zu überwinden. Ein anderer Hund wollte nicht grade vor seinem Besitzer sitzen, wenn er gerufen wurde. Ich holte mir ein paar Helfer, und wir bildeten zu beiden Seiten des Besitzers ein Spalier, so daß der Hund diesen schmalen Gang entlanggehen und sich grade vor seinen Besitzer hinsetzen mußte. Langsam erweiterten wir das Spalier, und der Hund saß immer noch grade; es ist ganz einfach, wenn man weiß, wie man etwas macht.

Man könnte auf den Gedanken kommen, daß die Teilnahme an einem solchen Lehrgang mit all dem Geräusch und Durcheinander das allerletze Mittel sei, einen nervösen Hund zu heilen; aber genau das Gegenteil ist der Fall. Um den Hund herum geht die ganze Zeit so viel vor, daß er gar nicht weiß, wovor er besondere Angst empfinden sollte, und er achtet schon bald nicht mehr auf rennende Menschen oder springende Hunde. Ich hatte vor kurzem zwei entzückende Pekinesen bei mir, die bei der Hundeschau ihre Rute nicht hochhalten wollten und deshalb keinen Preis errangen. Ich ließ sie mitten ins Zimmer kommen und alle anderen Hunde um sie herumgehen. Dann ermutigte ich sie in lustigem, aufmunterndem Tonfall, mit mir herumzutollen. Und schon stellten sie die Ruten auf, und ich hoffe, daß sie jetzt die begehrten Preise auf den Ausstellungen gewinnen werden.

Hunde leiden an Hemmungen und Ängsten, die wir nicht verstehen. Sie warten auf Zuspruch von ihrem Besitzer, und wenn er ihnen sein Selbstvertrauen übertragen kann, ist schon fast alles gewonnen. Ich höre viele Menschen sagen: «Ich weiß, daß mein Hund dies oder das nicht tut.» Ich antworte: «Das heißt, daß Ihr Hund es tun *wird,* falls Sie nur wissen, wie Sie ihn auszubilden haben.» Denn dies ist das Geheimnis: gegenseitiges Vertrauen und Zuversicht. Das heißt, daß Sie sich selber ausbilden müssen, bevor Sie Ihren Hund erziehen können; wenn Sie kein Selbstvertrauen haben, merkt es der Hund sofort.

Deshalb sollte jeder, bevor er mit der Erziehung des Hundes beginnt, soviel wie möglich über die Bemühungen und Methoden anderer Trainer lesen, sich ein möglichst klares Bild über deren Vorgehen verschaffen und dann versuchen, in der Überzeugung, daß der Erfolg nicht ausbleiben kann, alle Übungen nach bestem Wissen durchzuführen.

Fünftes Kapitel

«Bei Fuß» und «Sitz»

Soweit über die Aufzucht von Welpen. Nehmen wir jetzt einmal an, daß Sie einen vollkommen unerzogenen Hund von dreieinhalb Monaten oder darüber erworben haben. Das Alter spielt keine Rolle. Immer wieder werde ich gefragt: «Ist mein Hund mit drei Jahren oder mehr nicht zu alt, um ihn noch zu erziehen?» Ich antworte stets: «Das Alter des Hundes spielt, solange er nicht zu jung ist, keine Rolle. Ich habe Hunde, die acht Jahre alt waren, ausgebildet, und oft fünf und sechs Jahre alte Hunde erzogen.» Viel wichtiger als das Alter des Hundes ist die Einstellung des Besitzers. Ich will hier ein paar Beispiele von Hundebesitzern geben, die ich kennengelernt habe, und wenn Sie sich der einen oder anderen Kategorie zuordnen sollten, hoffe ich, daß Sie sich entweder entsprechend stolz oder beschämt fühlen.

Der erste Besitzer kommt mit einem mittelgroßen oder kleinen Hund zu mir. Er erklärt, das Tier sei überhaupt nicht zu erziehen; man habe es zum Tierarzt gebracht, damit dieser ihm Beruhigungstabletten verschreibe, aber das Ganze habe keinerlei Wirkung gehabt. Ich sei jetzt die letzte Hoffnung. Der Hundehalter ist gewöhnlich ein leicht erregbarer Mensch, meistens eine Frau. Ihre nervöse Art zu sprechen, ihre Bewegungen und ihr pausenloses Geplapper lassen mich sofort erkennen, daß der Hund nur das Gehabe seiner Herrin nachahmt, wenn er Symptome von Hysterie zeigt. Er beißt sich mit anderen Hunden herum, weil seine Herrin ihn unweigerlich auf den Arm nimmt oder die Leine bis zum Würgepunkt verkürzt, wenn sich ein anderer Hund nähert, so daß ihr Hund sofort alarmiert ist, wenn er in weiterFerne einen anderen Hund sieht. Diese Besitzerin muß lernen, daß ihr Hund ein braver Hund ist, wenn man ihm nur die Chance läßt. Ich nehme ihr meist den Hund weg und zeige ihr, daß der Hund gar keinen Versuch unternimmt, andere Hunde zu attackieren, wenn ich ihn bei mir habe. Ich muß ihr das Verständnis dafür vermitteln, daß sie bei der Erziehung ihres Hundes selbst an den Erfolg glauben muß und daß es keine Zauberei meinerseits ist, wenn sich der Hund bei mir ordentlich benimmt. Der nächste Typ von Hundehalter ist ein ziemlich nervöser Mann oder auch eine Frau, schon etwas älter, mit einem großen Tier, das bei weitem ihre Kräfte übersteigt. Der Besitzer hat einfach nicht die körperliche Kraft, um dem Hund mit dem Ketten-Gleithalsband jenen scharfen Ruck zu versetzen, der bei der Ausbildung zum Gehen bei Fuß die Voraussetzung ist. Ich sage diesen Leuten, daß der Hund meines Erachtens für sie zu groß sei, aber sie bestehen darauf, große Hunde ganz besonders in ihr Herz geschlossen zu haben, und er sei ein so lieber Kerl, wenn er sie nicht gerade mit sich fortzieht, das Essen vom Tisch stiehlt, sich den ganzen Tag allein draußen herumtreibt und hinter allem herjagt, was sich bewegt. In diesen Fällen muß ich dem Hund meistens seine erste Lektion mit dem Würgehalsband erteilen, und ich muß ihn wirklich fast abwürgen, bevor er schließlich merkt, daß es viel angenehmer ist, an der losen Leine bei Fuß zu gehen, als ständig an einem Halsband zu zerren, das sich ihm um den Hals zusammenzieht.

Zum nächsten Typ von Hundehaltern gehören diejenigen, die mit einem winzigen Schoßhündchen, komplett mit Kissen und allem was dazugehört, bei mir erscheinen und erklären, sie möchten ja gar zu gern sehen, daß sich das Tierchen benimmt, aber es sei eben zu klein, als daß man ihm etwas beibringen könne. Ich finde diese winzigen Wesen ganz reizend und habe früher einmal stundenlang auf dem Boden gehockt, um einem dieser Zwerghunde beizubringen, eine Übungshantel zu apportieren. Ich habe einmal einem Zwergdackel einen harten Klaps versetzt, weil er sich aus reiner Bosheit allen meinen Befehlen widersetzte. Dabei habe ich nur zwei Finger benutzt und darauf geachtet, genau die richtige Stelle zu treffen. Einige dieser Kleinsthunde können außerordentlich halsstarrig sein, so daß ihnen mit gutem Zureden allein einfach nicht beizukommen ist.

Viele Zuschauer haben sich entsetzt gefragt, wie ich nur so etwas tun könne, aber ich glaube am besten beurteilen zu können, was mit einem Hund zu geschehen hat. Hätte der Besitzer es besser gewußt, wäre es nicht nötig gewesen, an einem Lehrgang teilzunehmen. Wenn ich einen Hund bestrafe, dann tue ich es nur, nachdem alle anderen Erziehungsmittel versagt haben.

Da wir gerade von Schlägen sprechen, möchte ich die Berichte mancher Hundehalter über die Art und Weise wiedergeben, wie sie ihre Hunde bestrafen. Wenn der Besitzer seinen Hund auf frischer Tat bei etwas Schrecklichem ertappt, gibt es verschiedene Möglichkeiten, das menschliche Mißfallen zum Ausdruck zu bringen. Oft sagen mir die Leute: «Oh, ich spreche mit meinem Hund den ganzen Tag nicht.» Können Sie sich vorstellen, daß irgendein Hund diese Strafe begreift? Falls dies eine sinnvolle Zurechtweisung wäre, müßten wir den ganzen Tag über mit unseren Hunden reden, damit sie verstehen, daß wir mit ihnen zufrieden sind! Es kommt gelegentlich vor, daß ich im Laufe des Tages mit meinen Hunden nur sehr wenig spreche: sie begreifen dann durchaus, daß ich entweder sehr beschäftigt bin oder mir Sorgen mache. Neulich abends war ich sowohl beschäftigt als auch voller Sorgen, als mir mein Mann sagte: «Schau dir doch deine Hunde an!» Erst dann merkte ich, daß sie beide dalagen und mich anstarrten; in ihren Augen lag die dringende Bitte, ihnen doch endlich das Fressen hinzustellen. Beide wedelten mit dem Schweif, und beide hatten den Kopf zwischen die Pfoten gelegt. Sie verließen sich auf ihre wunderschönen Augen, die mich nicht losließen, um mir klarzumachen, was sie wollten; sie bellten nicht und störten mich in keiner Weise in meinen Gedankengängen. Diese Hunde hielten mein Schweigen nicht für eine Strafe, sondern sie wußten, daß ich sie vorübergehend einfach vergessen hatte. Meines Erachtens dachten sie, durch Konzentration und eine Art von Telepathie meine Aufmerksamkeit erregen zu können, was ihnen auch früher oder später gelungen wäre.

Eine weitere Art von Hundehaltern weist ihren Hund so sanft wie möglich zurecht, da sie offenbar der Meinung ist, daß strenge Worte dem Hund einen Schaden fürs Leben zufügen könnten. Ich fürchte, daß als Strafe für Stehlen oder Beißen oder eine ähnliche Verfehlung diese Art von milder Zurechtweisung zu nichts führt. Falls der Hund tatsächlich so empfindsam ist, wird ihn ein einziger Blick aus strengen Augen vernichtend treffen. Ich glaube, falls Ihr Hund Sie wirklich liebt und Sie ihn, existiert zwischen Ihnen ein Band, so daß Sie ihm auch ohne Worte Ihr Mißfallen zur Kenntnis bringen können. Aber ich wiederhole noch einmal: Falls Sie dieses Band einmal geknüpft haben, brauchen Sie an keinem Lehrgang mehr teilzunehmen.

Der nächste Typ von Hundebesitzer gibt dem Hund für jedes Vergehen gleich eine gehörige Tracht Prügel. Damit erreicht er lediglich, daß der Hund kopfscheu wird und sich höchst unglücklich fühlt. Manche Hunde ducken sich dann und werden kriecherisch, und ich denke mir oft, daß die Hunde, die bei Gehorsamsübungen die besten Noten erhalten, weil sie sich sklavisch an der Seite des Hundeführers halten, vorher wahrscheinlich ein- oder zweimal geschlagen worden sind. Mir ist ein Tier, das gelöst neben seinem Herrn «bei Fuß» geht, zehnmal lieber als ein Hund, der sich aus lauter Angst an ihn klammert. Aber ich bin sowieso gegen die gekünstelte Art, wie man Hunde bei diesen Tests vorführt. Es läuft schon beinahe auf seelische Grausamkeit hinaus, von bestimmten Hunden bei diesen Vorführungen eine einwandfreie Leistung zu erwarten.

Zusammenfassend möchte ich sagen: Die Erfahrung lehrt, daß, wenn man durch einen kurzen Hieb anstelle von langem Nörgeln den Hund in einer bestimmten Situation zum Gehorsam zwingen kann, man ihm einen solchen Schlag auch versetzen sollte, vorausgesetzt, man tut es nicht in einer plötzlichen Aufwallung von Zorn, und man sollte ihm anschließend sofort zeigen, daß man ihm nichts nachträgt. Kürzlich war es so kalt, daß ich die Hundehalter mit ihren Tieren, statt draußen in unserer Nissen-Hütte zu arbeiten, zu mir ins Wohnzimmer einlud und die Teppiche zurückrollte. Wir befanden uns also auf engstem Raum, und die Hunde, die nicht gerade an einer Übung teilnahmen, mußten sich hinlegen und Ruhe bewahren. Dies war an sich schon eine gute Übung. Ein junger Pudel wollte sich nicht hinlegen; er blieb sitzen und jaulte die ganze Zeit vor sich hin.

Ich zeigte dem Besitzer, wie er den Pudel zum Niederlegen veranlassen könne, aber das Tier setzte seinen Kopf durch und stand immer wieder auf. Da dadurch der übrige Betrieb gestört wurde, ging ich selbst zu dem Pudel hinüber, gab ihm mit fester Stimme den Befehl zum Hinlegen und verabreichte ihm einen leichten Klaps auf die Kehrseite. Er legte sich sofort hin, steckte den Kopf zwischen die Pfoten und schlief ein. Er wußte, daß es mir ernst war, und spürte offenbar, daß ich nicht mit mir spaßen lassen würde. Als er dann mit den Übungen an der Reihe war, trat ich wieder zu ihm und sprach eine Weile in betont freundschaftlichem Ton mit ihm; er war sichtlich beglückt, mich zu sehen, und wir hatten beide den vorhergehenden Zwischenfall längst vergessen. Ich hätte ihn vielleicht nicht zu schlagen brauchen. Wenn ich genug Zeit gehabt hätte, um ihm gut zuzureden, hätte ich bestimmt dasselbe Resultat erzielt, aber in einem Lehrgang kann man sich nicht so ausgiebig mit jedem unfolgsamen Hund abgeben. Ich glaube, daß man seinen Hund normalerweise nicht schlagen sollte. Falls sich der Hund so schlecht benimmt, daß eine Züchtigung angebracht erscheint, befindet sich der Besitzer meistens in einem Zustand der Erregung, und ich finde, daß man in einer solchen Verfassung nicht schlagen sollte. Man bereut es unweigerlich. Falls ein Trainer dies tut, und zwar ruhig und überlegt, versteht der Hund, was gemeint ist.

In den folgenden Ausführungen über die Hundeerziehung gehe ich auf Züchtigungen nicht mehr ein. Dieses Thema hat für alle Hundeliebhaber einen schlechten Beigeschmack. Ich habe meine Auffassungen dargestellt, bei welchen Gelegenheiten eine Bestrafung des Hundes auf diese Weise angezeigt ist, und ich bin immer noch der Meinung, daß man einem Hund, den man auf frischer Tat ertappt, auf der Stelle einen Klaps geben sollte, statt ihm zuzureden. Wenn es aber dazu kommt, daß man um eine Bestrafung nicht mehr herumkommt, hat man meines Erachtens als Lehrer von Anfang an versagt.

Die meisten Menschen, die mit ihren Hunden meine Lehrgänge besuchen, erkennen zu Recht, daß es auf meiner Seite eine beinahe übermenschliche Anstrengung erfordert, zwölf Hunde und Hundeführer in einer Gesamtzeit von sechseinhalb Stunden auszubilden; das heißt, falls ich mich damit nicht begnüge, nur in der Mitte des Kreises zu stehen und Befehle zu geben. Ich gehe bei diesen Ausbildungslehrgängen davon aus, daß alle Hunde die vorgesehenen Programmpunkte erlernen sollten, und leider muß ich mich häufig eine lange Zeit mit einem besonders schwierigen Hund befassen, weiß aber, daß die anderen Teilnehmer an dem Lehrgang mir verzeihen werden, wenn ich mich vielleicht nicht lange genug mit ihren eigenen Schützlingen abgeben kann. Ich erinnere mich an einen Tag, als ich außerordentliche Schwierigkeiten mit einem winzigen Schoßhündchen und seiner Übungshantel hatte; die Hündin wollte ihre Herrin einfach nicht verlassen und die Hantel nicht aufnehmen, obwohl ich sie nahm und ihr ins Maul steckte; dann allerdings lief das Tier vergnügt mit der Hantel zu seiner Herrin zurück. Ich setzte mich auf den Boden, redete dem Hündchen gut zu und küßte es; dadurch flößte ich dem Tier Vertrauen ein, da es meine Liebe spürte, und plötzlich stand es auf und trabte davon, um die Hantel zu holen. Ein paar Wochen später gewann die Hündin einen Preis bei einem Gehorsamstest auf einer Hundeausstellung. Ohne die Zeit, die ich damals verwendete, hätte das Tier es nie geschafft. Es war typisch für die Einstellung der übrigen Hundebesitzer, daß spontaner Beifall ausbrach, als dieser kleine Hund seine Aufgabe richtig erfüllte. Wir wollen alle, daß unsere Hunde ihre Befehle korrekt ausführen, und man kann manchmal förmlich eine Nadel zu Boden fallen hören,

Tafel 3. «Bei-Fuß»-Unterricht. a) Richtige Länge der Leine; b) ungezwungenes Gehen; c) rechte Hand über der Hüfte verankert; d) linke Hand drückt den Hund zum «Sitz». ▷

wenn ich mit einem bestimmten Tier besondere Schwierigkeiten habe. Ich spüre oft geradezu, daß alle mir diesen Erfolg wünschen und hoffen, daß sich der Hund richtig benimmt.

Ich finde diese Hundeausbildung die faszinierendste Aufgabe, die es gibt. Es bricht mir manchmal fast das Herz, wenn ich sehe, mit welch völlig ungeeigneten Besitzern sich intelligente Hunde abfinden müssen. Oft muß ich den Hund ungeachtet seines Besitzers ausbilden. Manche Hunde werden, sobald sie meinen Lehrgang absolviert haben, nicht mehr weiter erzogen. Das in meinem Kursus Gelernte wird nicht mehr geübt. Manche Leute kommen anscheinend nur, um ein unterhaltsames Wochenende zu verleben, aber um so dankbarer bin ich den anderen, die echte Fortschritte machen. Denn die bloße Tatsache, daß sich ein wohlerzogener Hund auf der Straße anständig benimmt, verbreitet die Kunde, daß sich eine vernünftige Erziehung jederzeit bezahlt macht.

Die erste Übung soll dem Hund beibringen, mit und ohne Leine ordentlich zu gehen. Hierzu braucht man zunächst ein Ketten-Gleithalsband der richtigen Länge und Größe. Ketten mit kleinen, dünnen Gliedern, wie sie heutzutage oft angeboten werden, sind unbrauchbar, weil sie dem Hund wehtun. Je breiter die Kettenglieder, desto geringer die Wahrscheinlichkeit, daß das Haarkleid des Hundes Schaden leidet. Diese Ketten sind unterschiedlich lang. Kleine Hunde brauchen Längen von vierzig bis fünfundvierzig Zentimeter, größere bis zu siebzig Zentimeter. Für winzige Hündchen eignen sich auch die dünneren, feineren Ketten, obwohl ein Würgehalsband für einen sehr kleinen Hund meines Erachtens überhaupt nicht erforderlich ist. Man nimmt beide Ringe in die Hand und läßt die Kette aus der höher gehaltenen Hand durch den Ring gleiten, bis sich beide Ringe berühren (Tafeln 1 und 2). Ich habe einem Mann einmal ein Würgehalsband mit der Post geschickt und erhielt es zweimal mit der Bemerkung zurück, er sei doch kein Zauberer – die Ringe

◁ Tafel 4. «Kommen auf Ruf». a) «Bleib da!»; b) «Komm!»; c) «Sitzen» vor dem Besitzer; d) «Sitzen» links vom Besitzer – Ende der Übung.

rutschten nicht durcheinander hindurch, da sie beide gleich groß seien. Natürlich rutscht der eine Ring nicht durch den anderen hindurch, sondern man läßt die Kette durch den einen Ring hinuntergleiten. Ist dies geschehen, legt man dem Hund die Kette so an, daß sie nach oben gezogen werden kann; auf diese Weise lockert sich die Kette sofort, wenn man mit der Leine nachgibt. Wenn man aber die Kette so anlegt, daß die Zugrichtung nach unten weist, lockert sie sich nicht von selbst, sondern bleibt angezogen, auch wenn die Leine locker durchhängt. Hierdurch bestraft man den Hund, obwohl er keine Strafe verdient hat, und der Hund merkt gar nicht, daß es viel angenehmer ist, wenn er das Ziehen einstellt. Dieses Würgehalsband ist überhaupt nicht grausam; seine einzige Wirkung besteht darin, daß der Hund schon sehr bald nicht mehr zieht und sich auf der Straße ordentlich benimmt. Angenommen, Sie haben das Würgehalsband Ihrem Hund richtig umgelegt, sollten Sie darauf achten, daß die Länge stimmt: es sollten immer fünf bis zehn Zentimeter Spielraum vorhanden bleiben; auf diese Weise läßt sich das Halsband dem Hund leicht über den Kopf ziehen. Man versuche nie, dem Hund ein zu kleines Halsband aufzwingen zu wollen, denn es tut ihm entweder weh oder macht ihm Angst.

Dann muß die Leine an dem Kettenring befestigt werden, der sich nach oben ziehen läßt. Die Leine muß ungefähr einen bis anderthalb Meter lang und aus Leder sein. Man achte darauf, daß sie nicht zu breit ist, sonst schneidet sie in die Hand, wenn man dem Hund einen Ruck gibt. Die Leine muß einen starken Karabinerhaken, besonders bei großen Hunden, haben. Ich habe mit den bequemen Scherenhaken wenig Erfolge gehabt. Sie gehen leicht auf, wenn man dem Hund einen Ruck gibt. Man sollte sich nur sehr kräftige Karabinerhaken kaufen.

Der nächste Schritt besteht darin, daß man den Hund veranlaßt, an der linken Seite zu sitzen (Tafel 3). Man halte die Leine in der rechten Hand, und zwar nur über den beiden Mittelfingern, und lasse so viel Luft, daß die Leine leicht durchhängt, wenn man die Hand ungefähr vor den Körper hält. Die Leine muß unbedingt locker sein, wenn man sie in der rechten Hand hält. Jetzt ist die linke Hand frei, um den Hund gegebenenfalls zu korrigieren. Sollte der Hund an der Leine ziehen, lasse man ihn fast bis an das Ende der Leine vorlaufen; dann lege man die linke Hand so auf die Leine, daß die Finger in die Bewegungsrichtung und der Daumen auf einen selbst zeigt, und zwar mit der Handfläche nach unten; jetzt gibt man mit dem festen Kommando «Fuß!» dem Hund einen raschen Ruck zurück. Dann nehme man die linke Hand sofort wieder von der Leine; der Hund wird ziemlich sicher gleich wieder vorwärtsdrängen, deshalb wiederhole man den kurzen Ruck mit dem kurzen, scharfen Kommando «Fuß!» und setze den Namen des Hundes davor. Man beginne überhaupt jedes Kommando mit dem Namen, um die Aufmerksamkeit des Hundes zu erregen. Man versuche außerdem, das Interesse des Hundes an seiner Arbeit und seiner Stellung durch freundliche, ermutigende Worte wie «braver Hund» und so weiter wachzuhalten. Die meisten Hundehalter geben ihren Hunden einen Ruck, der nicht rasch genug kommt; sie ziehen ihn nur sanft ein paarmal zurück; diese Methode ist nutzlos und für die Erziehung wertlos. Schlagen Sie sich auf das Bein, um den Hund aufmerksam zu machen, loben Sie ihn, wenn er an Ihre Seite kommt, und versuchen Sie es immer mit aufmunternden Worten, bevor Sie den Ruck anwenden. Ein Hund, der wirklich überaus heftig zieht, kann nur durch einen entsprechend scharfen Ruck zur Vernunft gebracht werden. Diese Methode mag roh klingen, aber sie tut dem Hund in keiner Weise weh. Die meisten Menschen vergessen, die linke Hand sofort nach dem Ruck von der Leine zu nehmen, wodurch die Leine nicht sofort wieder durchhängt, wenn das Tier korrigiert worden ist. Man gehe stets im gewohnten Tempo weiter, während man dem Hund diesen Ruck gibt. *Bleiben Sie nie stehen, um den Hund auf diese Weise zu korrigieren,* oder die ganze Erziehungsmethode hat keinen Sinn. Falls der Hund sich nachziehen läßt, geben Sie ihm einen Ruck nach vorn. Wenn sich der Hund hinlegt, statt mitzugehen, und er sich auch durch gutes Zureden nicht bequemt, aufzustehen und weiterzulaufen, gehe man einfach weiter und lasse sich nicht aus der Ruhe bringen. Der

Hund wird schon sehr bald aufstehen und sich nicht mehr fortziehen lassen, und man hat in dieser ersten Willensprobe den Sieg davongetragen.

Ich weiß, daß es leichter ist, über diese Dinge zu schreiben, als sie in der Praxis anzuwenden, aber ich halte mit den Geheimnissen der Hundeerziehung nicht hinter dem Berge, nur weil wenige Leute vielleicht glauben mögen, die ganze Prozedur sei herzlos. Wenn Sie die Absicht haben, Ihren Hund an lockerer Leine auf die Straße mitzunehmen, müssen Sie diese Auseinandersetzung zunächst siegreich bestanden haben. Ich hatte es vor kurzem mit einer kleinen Griffonhündin zu tun, deren Besitzerin sie sechs Monate hindurch immer auf den Arm nehmen mußte, weil sie sich dauernd hinlegte. Ich nahm das Tier auf einen mit Teppichen belegten Treppenabsatz mit und zog sie hinter mir her; nach wenigen Sekunden besann sie sich eines Besseren, und ich führte sie zu einem Spaziergang auf die Straße. Sie hat ihrem Frauchen seither keinen Grund zum Ärger mehr gegeben. Mir liegen diese Auseinandersetzungen ebensowenig wie den Hundebesitzern, aber ich halte es für meine Pflicht, sowohl dem Hund als auch seinem Herrn zu einem glücklicheren Leben zu verhelfen, und oft genügt ein kurzes, aber scharfes Engagement.

Meines Erachtens besteht nie ein Grund dafür, einen Hund zu schlagen, weil er nicht bei Fuß geht. Wenn man den Ruck in der richtigen Weise anwendet, muß man gewinnen. Die dafür nötige Zeit hängt von der Schärfe des Rucks und dem Geschick des Hundeführers ab. Wenn man die Leinenführigkeit erreicht hat, muß man dem Hund beibringen, sich sofort hinzusetzen, wenn man stehenbleibt. Dadurch vermeiden Sie, daß der Hund Sie womöglich auf die Straße zieht, wenn Sie plötzlich stehenbleiben, weil sich ein Fahrzeug nähert, denn der Hund setzt sich sofort, wenn man stehenbleibt. Später bedarf es gar nicht mehr des Kommandos «Sitz!», wenn man stehenbleibt; der Hund weiß, was er zu tun hat. Aber dieser hohe Ausbildungsstand wird von einem durchschnittlichen Hundehalter ohne besondere Erfahrungen nicht in einer Woche erreicht.

Um dem Hund beizubringen, sich rasch zu setzen, muß die Leine von genau der richtigen Länge sein; wenn man stehenbleiben will, legt man die in der rechten Hand gehaltene Leine über die rechte Hüfte. Dadurch wird der Kopf des Hundes aufgerichtet und man kann ihn leicht mit der freien linken Hand zum Sitzen nach unten drücken. Dieser Bewegungsablauf vollzieht sich in zwei Phasen. Tempo 1 ist das Erheben der rechten Hand, Tempo 2 das Niederdrücken der linken. Die linke Hand wird korrekt wie folgt gehalten: die vier Finger zeigen vom Bein nach außen und sollten auf dem Rücken des Hundes liegen, und zwar so, daß die beiden mittleren Finger in seiner Flanke dicht vor dem Hinterbein sind. Der Daumen sollte auf Ihr linkes Bein zeigen und ebenfalls leicht auf dem Rücken des Hundes liegen. Auf das Kommando «Sitz» heben Sie die rechte Hand über die rechte Hüfte und drücken den Hund mit der linken Hand in die «Sitz»-Stellung hinunter. Wenn Sie dies richtig machen, kann der Hund gar nichts anderes tun, als sich hinzusetzen. Wenn die linke Hand zu langsam tätig wird, gewinnt der Hund einen Vorsprung und sitzt dann vor Ihnen; dies ist schlecht, denn Sie würden über ihn stolpern, wenn Sie weitergehen wollen. Das Geheimnis des richtigen «Sitz» neben Ihnen liegt in der Schnelligkeit; wenn Sie plötzlich stehenbleiben, drücken Sie kräftig mit der linken Hand, und die rechte wandert zur Hüfte. Es gibt natürlich verschiedene Methoden, um dieses «Sitz» zu erreichen, aber ich habe viele ausprobiert und festgestellt, daß die hier beschriebene bei allen Arten von Hunden und Hundebesitzern einwandfrei funktioniert. Sie läßt sich ebenso leicht von einem Kind wie von einem Erwachsenen anwenden, denn der Hund verliert irgendwie sein Gleichgewicht, wenn ihm der Kopf hochgezogen wird; und wenn der ganze Ablauf schnell genug vor sich geht, setzt er sich hin, bevor er überhaupt merkt, was er tut. Um dem Hund beizubringen, möglichst dicht neben Ihrem Bein zu sitzen, verlegen Sie die Übungen am besten in die Nähe einer Mauer, an der Sie ziemlich nahe entlanggehen. Dies läßt sich auf der Straße bewerkstelligen.

Wir haben jetzt unserem Hund abgewöhnt, zu ziehen oder sich

an der Leine fortzerren zu lassen; wir haben ihm beigebracht, sich rasch hinzusetzen, wenn wir ihn hinunterdrücken. So weit, so gut – aber der Hund ist immer noch an der Leine, und wie erreichen wir dieselben Ergebnisse, wenn der Hund frei läuft? Dies läßt sich nur erreichen, wenn der Hund wirklich gut an der Leine geht, womit ich sagen will, daß die Ruck-Phase längst überholt ist; auf das Kommando «Fuß» müssen Sie sich darauf verlassen können, daß er dicht an Ihrer Seite bleibt und Ihren Bewegungen folgt, wenn Sie eine Kehrtwendung ausführen oder nach rechts oder links abbiegen. Der nächste Schritt besteht darin, die Leine durch eine sehr leichte, lange Schnur zu ersetzen; sie muß so dünn sein, daß der Hund gar nicht das Gefühl hat, angehängt zu sein. Zunächst wird er natürlich versuchen, davonzulaufen; rufen Sie ihn zurück, und wenn er nicht sofort kommt, schelten Sie ihn hart und wiederholen Sie das Kommando «Fuß». Er wird bald merken, daß er gar nicht weiß, ob er noch an der Leine geht oder nicht, und da er sich nicht der Gefahr einer Strafe aussetzen will, wird er bei Fuß bleiben.

Bei all den oben beschriebenen Übungen vergessen Sie bitte nie, Ihren Hund immer wieder ausgiebig zu loben. Ich sage meinen Schülern immer wieder, daß sie die rechte Hand herunternehmen und dem Hund nach jeder Übung die Brust kraulen sollen. Hunde lieben dies und zeigen ihr Wohlbehagen, solange man das Kraulen fortsetzt.

Als nächsten Schritt gehen wir mit dem Hund ohne Leine oder Schnur aus und loben ihn sofort, wenn er bei Fuß bleibt. Es ist zwingend notwendig, den Hund mit diesem Bei-Fuß-Gehen nicht zu übermüden. Man übe diesen Erziehungsgang nie länger als zehn Minuten. Dulden Sie nicht, daß der Hund Sie auf der Straße herumzieht; wenn er es versucht, korrigieren Sie ihn energisch. Sie können sicher sein, daß Ihnen ein paar Neunmalkluge erklären werden, daß Sie grausam mit dem Hund umgehen, aber solche Ansichten können Ihnen gleichgültig sein. Diese Leute halten es wahrscheinlich für liebevoller, den Hund frei herumlaufen zu lassen, so daß er entweder selbst zu Tode kommt oder einen anderen Menschen ins Unglück reißt. Wir, die wir unsere Hunde wirklich lieben, müssen uns mit einer gewissen Kritik seitens törichter sogenannter Hundeliebhaber abfinden, die einfach nicht mit ansehen können, daß ein Hund erzogen wird. Machen Sie sich nichts daraus, denn es gibt Tausende von Hunden, die fast gar kein Training nötig haben und von Natur aus folgsam sind. Deren Besitzer haben Glück.

Meine Aufgabe ist es, mich mit den nicht so vom Glück gesegneten Hundebesitzern auseinanderzusetzen, die zwar absolut entzückende, aber höchst ungezogene Tiere ihr eigen nennen.

Denken Sie nie, daß sich die Ausbildung eines Hundes bis zur Vollkommenheit an einem Wochenende erreichen ließe. Der Erfolg hängt vom Temperament Ihres Hundes und von Ihrer Fähigkeit ab, die in diesem Buch gegebenen Anweisungen zu verdauen und sinngemäß auszuführen.

Sechstes Kapitel

Kommen auf Ruf

Die nächste, wichtigste Aufgabe, die wir in Angriff zu nehmen haben, besteht darin, den Hund dazu zu erziehen, daß er kommt, wenn er gerufen wird. Zunächst läßt man den Hund an der Leine. Lassen Sie den Hund zurück und gehen Sie bis zur vollen Leinenlänge von ihm weg; dann rufen Sie ihn, daß er kommt und vor Ihnen sitzt. Wenn er nicht kommen will, wird ihn ein kurzer Ruck mit der Leine dazu bewegen. Fordern Sie ihn zum Kommen mit einem besonders liebevollen Tonfall auf, verbinden Sie damit eine Reihe kurzer Rucks und das Wort «Komm!», dem sein Name vorangestellt werden muß. Wenn er hin- und herspringen will, wiederholen Sie das Wort «Komm» und gehen Sie zu einem ermunternden, liebevollen Tonfall über, sobald er das erste Anzeichen erkennen läßt, zu gehorchen. Wenn es Ihrer Meinung nach hilft, ihm beim Kommen einen kleinen Leckerbissen zu geben, dann tun Sie es unbedingt, aber lassen Sie diese Gewohnheit sobald wie möglich wieder fallen, denn der Hund kann später enttäuscht sein, wenn er kommt und doch nichts erhält. Diese Ausbildung zum Kommen auf Ruf ist eine Lektion und keine Mahlzeit!

Sie haben jetzt Ihren Hund dazu erzogen, zu kommen, solange er sich noch an der Leine befindet. Lassen Sie ihn sitzen, so daß er mit dem Kopf Ihre Knie berührt oder je nach seiner Größe den Teil Ihrer Beine, den er erreichen kann. Meine Dogge reicht mir bis an die Brust. Dann geben Sie, die Leine noch in der rechten Hand, dem Hund das Kommando «Fuß!» und helfen ihm, hinter Ihnen herum zu gehen und sich wie üblich an Ihrer linken Seite hinzusetzen (Tafel 5). Um Ihren Hund dazu zu bringen, diese Stellung einzunehmen, müssen Sie die Leine hinter dem Rücken aus der rechten in die linke Hand und dann vorn wieder in die rechte Hand nehmen, damit Sie den Hund, wie oben beschrieben, mit der linken Hand in die Sitzstellung hinunterdrücken können. Falls der Hund diese Bewegung nur sehr langsam ausführt, können Sie ihm durch ein sanftes Schieben dabei helfen. Er wird also mit der einen Hand gezogen und mit der anderen, als zusätzliche Hilfe, geschoben. Ich empfehle dringend, dem Hund als Belohnung und als Ergänzung der lobenden Worte, wenn er an ihre linke Seite kommt, einen kleinen Leckerbissen zu geben. Ihre linke Seite muß für den Hund gleichbedeutend sein mit einem Platz, wo er liebevolle Zuneigung, Lob und gelegentlich einen kleinen Bissen erhält. Damit der Hund ohne Schwierigkeiten auf Ihre linke Seite kommt, versuchen Sie es zunächst an der lockeren Leine und schnipsen Sie mit den Fingern der rechten Hand, um ihn zu ermuntern; Sie können außerdem mit der linken Hand gleichzeitig leicht auf den Oberschenkel klopfen. Je weniger Sie an der Leine ziehen, desto leichter wird der Hund diese Aufgabe lernen.

Jetzt legen Sie den Hund an eine zehn Meter lange Schnur und lassen Sie ihn auf genau dieselbe Weise, nur aus größerer Entfernung, zu Ihnen kommen (Tafel 6). Den meisten Hunden fällt es schwer, stehen- oder liegenzubleiben, während sich ihre Besitzer bis an das Ende der Schnur von ihnen entfernen. Sollte der Hund Ihnen folgen wollen, so gehen Sie wieder zu ihm und drücken Sie ihn mit dem Kommando «Sitz» wieder hinunter. Gehen Sie rückwärts und schauen Sie ihn die ganze Zeit dabei an; halten Sie den Finger erhoben und wiederholen Sie das Kommando «Bleib da, Fido» oder «Fido, bleib da», welche Form Ihnen besser gefällt. Haben Sie schließlich erreicht, daß er da bleibt, gehen Sie bis ans Ende der Schnur und rufen Sie ihn; sollte er weglaufen wollen, ziehen Sie ihn rasch an der Schnur zu sich her und schelten Sie ihn (Tafel 6). Dann lassen Sie die Schnur wieder locker; jetzt wird er unschlüssig warten, und dies ist der Zeitpunkt, ihn besonders liebevoll und eindringlich zu loben. Er glaubt, daß er es besonders gut gemacht hat, und kommt beim nächstenmal heran. Geben Sie ihm einen Leckerbissen, wenn Sie wollen. Wenn er zögert und sogar versucht, davonzurennen, sprechen Sie seinen Namen drohend mit tiefer Stimme aus, was (für ihn) Strafe bedeutet, falls er nicht gehorcht. Beim geringsten Anzeichen, daß er zu Ihnen kommen will, ändern Sie den Tonfall sofort und loben Sie ihn.

Ich kann nicht oft genug betonen, daß der Klang Ihrer Stimme das Geheimnis jeder erfolgreichen Hundeerziehung ist. Es gibt Menschen, die Ihren Tonfall nicht so weit ändern können, daß die Hunde einen Stimmungsumschwung erkennen. Solche Leute können weder Liebe noch Unzufriedenheit in ihre Stimme legen. Dies ist bei der Hundeerziehung ein großer Nachteil. Mir wäre es oft lieber, wenn meine Schüler ihre Hunde zu Hause ließen und nur zum Stimmtraining zu mir kämen, bevor sie den Versuch unternehmen, ihre Hunde zu erziehen. Man hat mich oft gefragt, warum sich Hunde bei mir gut und bei ihren Besitzern schlecht benehmen, und ich habe erklärt, daß ich durch meinen Tonfall allein dem Hund mein Lob, meine Unzufriedenheit oder sogar meinen äußersten Unwillen zum Ausdruck bringen kann und der Hund entsprechend reagiert. Als Beweis habe ich zum Beispiel einen Hund in liebevollem Tonfall mit den bösesten Ausdrücken angeredet, und er hat voller Glück mit dem Schwanz gewedelt. Umgekehrt habe ich die liebevollsten Worte in strengem Tonfall ausgesprochen, und der Hund hat sich verkrochen. Bei der Hundeerziehung kommt es darauf an, *wie* man etwas sagt, und nicht darauf, was man sagt.

Das Endziel besteht darin, daß der Hund auf Befehl sofort kommt, und nicht nur dann, wenn es sonst nichts Interessanteres für ihn gibt oder weil er gerade nichts Besseres zu tun hat.

Nehmen wir an, daß Ihr Hund an der Schnur jederzeit kommt. Als nächstes müssen Sie ihn an einen eingezäunten Ort bringen und die gleiche Übung ohne Leine, aber im selben Tonfall und mit denselben Kommandos wiederholen (Tafel 4). Eine Eingangshalle oder ein Hinterhof eignet sich hierfür besonders gut. Falls er gehorcht, nehmen Sie ihn gleich auf einen Spaziergang ins Freie mit, wiederholen Sie dieselbe Übung zunächst an der Schnur und dann ohne Schnur. Läuft der Hund weg, kehren Sie wieder zur Schnur zurück. In einem späteren Kapitel über das Thema «Laß andere Hunde in Frieden» werde ich auf Mittel und Wege zu sprechen kommen, mit denen Sie Ihren Hund dazu erziehen können, jederzeit und ohne weitere Umstände zu kommen, wenn er gerufen wird.

Das Kommen auf Ruf hat zwei Aspekte. Wenn der Hund fürchtet, er werde bestraft, wenn er tatsächlich kommt, tut er es natürlich lieber nicht. Viele Menschen, die ständig hinter ihren Hunden herrennen und sie schließlich fangen, schlagen sie dann. Dies ist grundfalsch. Wenn der Hund kommt, und sei es nach einer Stunde, muß er unbedingt gelobt werden, wie schwer es einem auch fallen mag. Wenn Sie den Hund jedoch noch erwischen, wenn er wegspringen will, dann müssen Sie ihn allerdings tadeln. Viele Hunde gehen in die Falle, wenn Sie statt hinter ihnen herzurennen, kehrtmachen und in der entgegengesetzten Richtung davonlaufen. Der Hund rennt Ihnen nach, und mit einer plötzlichen Drehung können Sie ihn greifen. Ich bin durchaus der Ansicht, daß ein Hund, der von seinem Besitzer wegläuft, nicht durch das Band der Liebe mit seinem Herrn verbunden ist, wie es eigentlich zwischen Mensch und Hund existieren sollte. Ich fürchte, man läßt solch einen Hund einfach nur in den Garten hinaus, damit er sich dort allein vergnügt. Diese Art der Behandlung hat mit Freundlichkeit nichts zu tun; sie ist reine Faulheit auf seiten des Besitzers. Der Hund gehört stets zu seinem Herrn; überläßt man ihn sich selbst, entwickelt er einen Hang zu allerlei Unarten. Ich kann nicht glauben, daß ein Hund, der ständig in der Nähe seines Herrn ist, Spaß daran hätte, wegzulaufen. Er hat sich daran gewöhnt, ein ständiger Freund und Begleiter zu sein. Wir kennen viele Menschen, die behaupten, sie seien zu beschäftigt, um sich ausgiebig mit ihren Hunden zu befassen, und die sie deshalb einfach in den Garten lassen; aber ich habe den Nachweis geführt, daß Hunde sehr wenig Bewegung brauchen. Es bedeutet für sie schon Bewegung, wenn sie der Hausfrau von Zimmer zu Zimmer folgen, während sie ihren üblichen Hausarbeiten nachgeht.

Viele Hundehalter sehen ihre Hunde täglich nur kurz. Sie haben zu wenig Zeit. Sollen wir diesen Menschen, trotz ihrer Überbelastung, die Gesellschaft eines Hundes versagen, wenn sie abends nach Hause kommen? Ich glaube nicht, aber ich bin andererseits der Meinung, daß sie unter diesen Umständen von dem Hund keinen sofortigen Gehorsam erwarten können, denn sie teilen ja nur einen kleinen Teil ihres Lebens mit dem Hund. Häufig sind es gerade diese Menschen, die ihre Freizeit am Abend dazu verwenden, ihren Hund auszubilden und ihn besser kennenzulernen. Einigen Hunden wohnt ein natürlicher Jagdinstinkt inne, und es sind gerade diese Hunde, die anderen Haustieren gefährlich werden können, und die am schwersten zum Kommen auf Ruf zu erziehen sind. Solchen Hunden sollte man viel Gelegenheit geben, sich auszuarbeiten, um ihre natürlichen Instinkte in andere Bahnen zu lenken. Ein Hund, der zum Gehorsam erzogen wird und den wohlverdienten Lohn dafür erhält, arbeitet sich bei dieser Art von Tätigkeit körperlich aus und ist glücklich; andere Hunde jedoch stellen einfach irgend etwas an. Oft liegt das Problem darin, daß sich Besitzer in Anbetracht ihrer Lebensumstände einfach die falsche Art von Hund zulegen. Oft sieht man jemand Älteren mit einem Windhund, also einem Hund, der kein ruhiges Schoßhündchen, sondern eine Rasse ist, die eine bestimmte Aufgabe zu erfüllen hat und sich am besten für die Jagd eignet; jemand, der einen ruhigen Haushund sucht, sollte es mit einer anderen Rasse versuchen. Ich habe nichts gegen Windhunde, aber sie sind so schön, daß viele Käufer ihnen nicht widerstehen können. Man kauft sie also, ohne sich über ihre Erbanlagen und Bedürfnisse im klaren zu sein.

Manche Hundehalter werden sich ärgern, wenn sie lesen, daß sie von ihren Hunden meines Erachtens nicht ausreichend geliebt werden, wenn diese lieber weglaufen, als bei ihrem Herrn zu bleiben; aber man findet in Bars und Klubs an vielen Abenden ja auch vergleichbare menschliche Wesen, die die Gesellschaft von Bekannten der ihrer Ehefrau vorziehen. Hunde sind manchmal «fast menschlich»!

Siebentes Kapitel

«Sitz», «Platz» und «Bleib da»

Wir haben dem Hund beigebracht, mit und ohne Leine bei Fuß zu gehen, und können jetzt zu einer der schwierigsten Übungen übergehen: dem Hund beizubringen, sitzen zu bleiben oder sich hinzulegen, wenn er Sie nicht mehr sieht. Dies ist wesentlich für einen Stadthund, der seine Herrin gern beim Einkaufen begleitet. Obwohl man abgeleckte Finger und nach dem Nasenputzen ungewaschene Hände und so weiter duldet, heften viele Geschäfte heutzutage Schilder an die Tür, auf denen dringend ersucht wird, «Hunde im Interesse der öffentlichen Gesundheit nicht mit in den Laden zu bringen». Sofern es sich um unerzogene Hunde handelt, stimme ich diesem Wunsch voll bei. Manche Hundehalter sind unbeschreiblich gleichgültig und gestatten ihren Hunden, an den Ladentüren und sogar über Gemüsekästen das Bein zu heben. Dank dieser Art von Hundehaltern müssen auch die vernünftigeren Besitzer ihre Hunde draußen lassen. Da das Hundeverbot in vielen Städten heute allgemein üblich ist, sollten wir uns alle bemühen, unsere Hunde so zu erziehen, daß wir dem Wunsch der Ladenbesitzer entsprechen können. Es ist ganz einfach, dem Hund beizubringen, draußen vor dem Laden zu sitzen oder liegenzubleiben; schwieriger ist es allerdings, dem Publikum klarzumachen, daß es den Hund in Ruhe läßt. Es dauert oft Jahre, den Hund so zu erziehen, daß er trotz aller Anfechtungen ruhig liegenbleibt. Bei meinen Lehrgängen versuche ich, das Publikum nachzumachen; ich bücke mich hinunter und streichle die Hunde, ich stelle meine Handtasche neben ihnen ab, ich steige über sie hinweg, ich führe andere Hunde um sie herum und tue mein Bestes, die Hunde aus dem Konzept zu bringen. Das dumme dabei ist nur, daß die Hunde mich kennen; der Test ist infolgedessen nicht streng genug. Könnte man diese Übungen mit Fremden durchführen, hätte die Ausbildung größeren Wert.

Ich komme jetzt zu der Methode, wie man den Hund dazu erzieht, draußen zu warten. Wenn Sie Ihren Hund schon als Welpen bekommen haben, sind Sie, wie ich hoffe, meinen Anweisungen gefolgt und haben ihn so erzogen, daß er allein in einem anderen Zimmer bleibt; aber ich gehe davon aus, daß Ihr Hund schon ausgewachsen war, als Sie ihn bekamen. Nehmen Sie sich wieder die Schnur, die bei der Hundeerziehung eine so nützliche Rolle spielt. Befestigen Sie die Schnur am Halsband und wiederholen Sie noch einmal die Übung «Bleib da», indem Sie bis an das Ende der Schnur von dem Hund fortgehen. Dann kehren Sie zu ihm zurück und lassen ihn sofort wieder allein, doch achten Sie darauf, stets das Kommando «Bleib da» zu wiederholen. Sollte er aufstehen, drücken Sie ihn wieder hinunter und lassen Sie ihn dann wieder allein. Gewöhnen Sie ihn gründlich an diese Übung, und führen Sie ihn anschließend in den Garten (wenn Sie einen haben), lassen ihn dort «Sitz» oder «Platz» machen und begeben sich ins Haus zurück. Lassen Sie ihn nicht aus dem Auge, und sobald er sich bewegt, rufen Sie laut «Platz» aus dem Fenster, ohne daß er Sie sehen kann. Er weiß nicht, woher die Stimme kommt, aber er wird sich wahrscheinlich wieder hinlegen, da er sich in dem Gedanken beruhigt, daß Sie nicht weit sind. Jedesmal wenn er sich rührt, wiederholen Sie das Kommando; dann kehren Sie zu ihm zurück, lassen ihn aufstehen und loben ihn besonders herzlich.

Lassen Sie nie einen Hund länger als zwei Minuten in der Stellung «Sitz» bleiben: diese Stellung ist für ihn sehr ermüdend. Wollen Sie den Hund länger allein lassen, lassen Sie ihn «Platz» machen. Dies ist leichter gesagt als getan. Ich bin immer wieder über die große Anzahl von Hunden erstaunt, die es hartnäckig ablehnen, sich hinzulegen. Ich kann mir den Grund für diese Weigerung nicht recht vorstellen, denn das Liegen ist eine natürliche und erholsame Stellung. Es gibt mehrere Methoden, um einem Hund das «Platz» beizubringen. Ich verwende zwei. Die erste ist zwar etwas langwierig, aber einfach, und sie eignet sich gut für den Anfang. Die zweite ist eine raschere, wenn auch schwierigere Methode; sie wird meistens von den Besitzern sehr kräftiger Hunde angewendet. Ich habe erlebt, daß sich Besitzer bei Gehorsamsübungen auf Hundeausstellungen in wahre Zornesausbrüche gegenüber ihren Hunden hineingesteigert haben, weil der Hund aufstand, als er liegen sollte, doch geschieht dies meines Erachtens immer dann, wenn der Hund seinem Herrn nicht voll vertraut. Er fürchtet, daß sein Herr vielleicht gar nicht mehr zurückkommt. Machen wir Menschen uns nicht oft auch Sorgen, wenn jemand, den wir lieben, spät am Abend noch nicht nach Hause gekommen ist? Eine solche Angst ist vollkommen verständlich. Doch einem Hund spricht man diese Furcht ab, und wenn er sich zu erheben wagt, wird er bestraft. Ich weiß, er muß diese Übung zu seiner eigenen Sicherheit lernen, doch wünschte ich, daß die Besitzer ihren Hunden in liebevoller Weise gut zureden, wenn sie sie allein lassen. Ich sehe immer wieder, daß Hundehalter ihre Tiere ohne ein Lächeln und ohne sich noch einmal umzublicken verlassen, dabei von oben herab «Bleib da» befehlen und von ihrem Hund trotzdem erwarten, daß er ruhig liegenbleibt und auf ihre Rückkehr wartet. Streicheln Sie Ihren Hund und reden Sie ihm gut zu, wenn Sie weggehen wollen, und sagen Sie langsam, aber mit fester Stimme «Bleib da». Gehen Sie nicht aus seiner Sichtweite fort, wenn er nicht schon geraume Zeit brav dagelegen hat, solange er Sie noch sehen konnte; dann entfernen Sie sich mit langsamen Schritten immer weiter und weiter. Sollte der Hund aufstehen, wenn Sie noch in Sicht sind, dann ist der Zeitpunkt gekommen, hart zu bleiben und in unwilligem Ton mit ihm zu reden. Er braucht keine Angst zu haben, wenn er Sie noch sehen kann, zeigt also glatten Ungehorsam, dem man entschieden entgegentreten muß. Bitte kein «Tu Frauchen den Gefallen und bleib ruhig liegen», sondern hier sind ein klarer Befehl und ein Niederdrücken auf den Boden angezeigt.

Um einen Hund zum Niederlegen zu bewegen, ohne daß er Angst bekommt oder sich selbst oder Sie irgendwie verletzt, bringen Sie ihn zunächst in die «Sitz»-Stellung, dann heben Sie ihm ein

Vorderbein hoch und drücken Sie sanft die gegenüberliegende Schulter gegen das hochgehobene Bein (Tafel 7). Dadurch verliert der Hund das Gleichgewicht und muß sich niederlegen. Sobald er liegt, kraulen Sie ihm die Brust und loben Sie ihn. Die zweite Methode, den Hund zum «Platz» zu veranlassen, wenn er bei Fuß an Ihrer linken Seite geht, besteht darin, das laufende Ende des Ketten-Gleithalsbandes in die rechte Hand zu nehmen, die Hand so zu drehen, daß die Handfläche vor die Schnauze des Hundes zeigt, und dann breitbeinig, um das Gleichgewicht zu halten, mit dem Gesicht zum Hund neben ihm stehenzubleiben. Legen Sie in dieser Stellung die Hand ein paar Zentimeter vor dem Hund auf den Boden und drücken Sie ihm mit der anderen auf den Rücken; der Druck auf das Ketten-Gleithalsband zwingt den Kopf des Hundes nach unten, und die Last auf dem Rücken trägt dazu bei, ihn aus dem Gleichgewicht zu bringen. Es dauert gewöhnlich nur ein paar Minuten, um dem Hund dies beizubringen, wenn man gleichzeitig mit dem Druck auf Halsband und Rücken mit fester Stimme «Platz» befiehlt. Bei Anfängern empfehle ich die erste Methode mit dem Niederdrücken der Schulter, doch wirkt die andere rasch und sicher, wenn man sehr schnell handelt, und sie führt natürlich dazu, daß sich der Hund unmittelbar neben Ihnen in einer kauernden Stellung niederlegt, wogegen Sie mit der Schulter-Methode den Hund in eine zusammengerollte Position bringen. Letztere ist übrigens wesentlich, wenn Sie den Hund längere Zeit allein lassen wollen. Ein kauernder Hund kommt schnell hoch, aber ein Hund in der gerollten Position muß erst die Kauerstellung einnehmen, bevor er sich erheben kann. Ich habe die Erfahrung gemacht, daß sich der Hund schon nach etwa sechsmaliger Übung hinlegt, wenn ich die Hand vor ihm auf den Boden lege, da er den unangenehmen

Tafel 5. Nach «Kommen auf Ruf» in die korrekte Stellung gehen. a) Hund sitzt vor Besitzerin, wird angeleint; b) Leine in die linke Hand wechseln; c) dem Hund mit der rechten Hand zur Stellung «Bei Fuß» helfen; d) Leine über rechte Hüfte führen und Hund zum «Sitz» bringen. ▷

Zug am Halsband fürchtet. Die dritte Methode besteht darin, sich neben den Hund zu stellen, die rechte Hand mit der Leine hochzuheben und dann den linken Fuß auf das laufende Ende des Gleithalsbands zu drücken, wodurch der Hund sofort auf den Boden niedergezogen wird (Tafel 8).

Um Ihren Hund zu lehren, außerhalb von Geschäften zu warten, sollte man sich der Hilfe von Freunden bedienen, die den Hund daran gewöhnen sollen, daß Fremde dicht an ihm vorbeigehen, sich vielleicht bücken und ihn anfassen. Dies ist einer der großen Vorteile eines Ausbildungslehrganges, denn es nehmen meistens viele Menschen daran teil, die immer wieder zu ihren Hunden rennen, sie anschreien oder über sie stolpern, so daß sich die Hunde an Lärm und Aufregung gewöhnen. Bei diesen Lehrgängen denkt niemand daran, daß vielleicht der Hund eines anderen Teilnehmers gestört werden könnte, wenn man seinen eigenen Hund zurechtweist. Dies kommt natürlich der Ausbildung der anderen Hunde zugute; ich finde es ganz erstaunlich, daß auch die nervösesten Tiere ihre Nervosität verlieren und sich schon bald daran gewöhnen, daß ein allgemeines Durcheinander herrscht und Fremde über sie hinwegspringen. Bissige Hunde schnappen nicht mehr nach vorbeigehenden Menschen; durch die ständige Bewegung, den Radau und das dauernde Hin- und Hergerenne wird die Nervosität des Hundes eher besser als schlimmer.

Wie ich schon oben gesagt habe, gehört eine große Portion Geduld dazu, bis Sie Ihren Hund so weit erzogen haben, daß er ruhig vor einem Laden liegenbleibt. Sie müssen diese Übung zunächst mehrmals an der Leine wiederholen und den Hund die ganze Zeit sorgfältig unter Beobachtung halten. Aber mit der Zeit wird er lernen, alle Passanten zu ignorieren.

Ich habe in diesem Buch oft die Worte «schelten» oder «in unwilligem Ton reden» gebraucht; dies läßt sich schon dadurch er-

◁ Tafel 6. Anwendung der langen Schnur. a) Hund ist an der Schnur; b) wenn er auf Ruf nicht gleich kommt, zieht man ihn an der Schnur zu sich.

reichen, daß man den Namen des Hundes in vorwurfsvollem Tone ausspricht, einen höchst erstaunten Gesichtsausdruck zeigt, den Hund mit einer Flut von bösen Worten überschüttet oder ihn gehörig durchschüttelt. All das hängt von dem inneren Band ab, das Sie mit Ihrem Hund verbindet. Falls Sie zu den Hundehaltern gehören, die nur ganz selten mit ihrem Hund reden, werden Sie wahrscheinlich viel rauhere Methoden anwenden müssen als derjenige, der mit seinem Hund fast jede Stunde des Tages spricht und dessen Hund jede Änderung in Tonfall und Gesichtsausdruck versteht. Wenn ich «Junia» mit trauriger Stimme sage und dabei nicht lächle, ist mein Hund genügend bestraft und schleicht sich beschämt davon; sie versteht meine Worte und Stimmungen jederzeit; wir sind völlig aufeinander eingestellt; sie grämt sich mit mir, sie freut sich mit mir, und wenn sie etwas falsch macht, weiß sie auch ohne meine Schelte, daß ich mich ärgere. Nur ein verzeihendes Wort macht sie dann wieder glücklich, und ich bleibe nie länger als ein oder zwei Minuten unwirsch, denn sonst würde sie krank vor lauter Kummer.

Achtes Kapitel

Raufereien mit anderen Hunden

Wir kommen jetzt zu einem besonders schwierigen Teil der Hunde-erziehung. Alle Hunde haben den natürlichen Drang, sich zu be-schnuppern, wenn sie sich begegnen. Wenn wir uns aber auf den Hund, mit und ohne Leine, im Straßenverkehr wirklich verlassen wollen, müssen wir ihm beibringen, anderen Hunden keinerlei Auf-merksamkeit zu schenken, es sei denn, wir geben ihm ausdrücklich den Befehl «Spiel»; dann kann er nach Herzenslust herumtollen, bis er mit dem Kommando «Laß das» wieder herangerufen wird.

Bei einem Ausbildungslehrgang kann man den Hunden leichter beibringen, andere Hunde zu ignorieren. Wir teilen die Klasse in zwei Gruppen und stellen sie einander gegenüber auf; auf das Kom-mando «Vorwärts» gehen sie los und treten zwischen der auf sie zu-kommenden anderen Reihe hindurch, so daß die Hunde dicht neben-einander vorbeigehen. Wir nennen diese Übung «Seitenwechsel». Wenn sich die Hunde bei der Annäherung auch nur ansehen, er-halten sie den ausdrücklichen Befehl «Laß das», verbunden mit einem scharfen Ruck am Gleithalsband. Wenn man diese Übung häufig wiederholt und der Hund stets einen Ruck am Halsband erhält, kurz bevor er den anderen Hund beschnuppert, setzt sich in ihm der Eindruck fest, daß es gar nicht so angenehm ist, mit anderen Hun-den unter diesen Umständen zu sprechen.

Ich habe ausgesprochene Raufer mit dieser Methode in sehr kurzer Zeit geheilt. Aber die eigentliche Schwierigkeit liegt darin, rechtzeitig zu erkennen, wenn Ihr Hund eine Rauferei beginnen will; es hat keinen Sinn, entsprechende Maßnahmen zu ergreifen, wenn die Beißerei bereits angefangen hat. Viele Menschen merken nicht, wenn sich der Körper ihres Hundes plötzlich anspannt und steif wird, was immer die Vorstufe zu einer Beißerei ist. Zu viele Hundehalter warten gewöhnlich, bis der Kampf ausgebrochen ist, bevor sie etwas tun. Aus diesem Grund ist es gut, wenn der erfahrene Ausbilder, besonders in einem Lehrgang, Gelegenheit erhält, dieser Rauflust von vornherein Einhalt zu gebieten. Ein Hund, der nicht die Absicht hat, über einen anderen herzufallen, verhält sich gelöst. Einer, der noch unentschlossen ist, sich im Grunde aber freundlich verhalten will, wedelt beim Herannahen eines anderen Hundes mit raschen, kurzen Schwanzschlägen. Dieses Wedeln hört auf und der Hund versteift seine Haltung, falls der Gegner böse Absichten hat und das Freundschaftsangebot nicht erwidert. Die meisten Rüden nähern sich auf diese Weise einer Hündin und hoffen auf freundschaftliches Entgegenkommen, und obwohl sich Rüden und Hündinnen im allgemeinen nicht beißen, kommt es vor, daß die Hündin zum Angriff übergeht; dann wird der Rüde zurückbeißen, aber meistens schon nach kurzer Zeit damit aufhören. Ein Knurren darf nie unterschätzt werden, denn meistens kommt es anschließend zu einer Beißerei; aber der Hundehalter muß in der Lage sein, auch weniger deutliche Anzeichen richtig zu bewerten, wenn er im richtigen Augenblick einschreiten will – das heißt, bevor noch der Kampf begonnen hat.

Dem Hund beizubringen, seine Artgenossen zu ignorieren, erfordert ständige Aufmerksamkeit; ist man auch nur eine Sekunde unachtsam, hat die Beißerei schon angefangen. Ich bin der Meinung, daß man einen Hund, der sich auf eine Beißerei einläßt, streng bestrafen sollte, falls nicht der andere ihn zuerst angegriffen hat. Da ich sowieso gegen die Bestrafung von Hunden bin, ist es meines Erachtens Pflicht des Besitzers, darauf zu achten, daß es gar nicht erst zu einem Kampf kommt. Es ist grundverkehrt, die Leine kürzer zu nehmen, wenn ein anderer Hund sich nähert, und noch schlimmer, den Hund auf den Arm zu nehmen. Man gehe in aller Ruhe weiter, bis der andere Hund verhältnismäßig nahe ist, gebe dann dem eigenen Hund einen scharfen Ruck mit der Leine, um ihn aufmerksam zu machen, und befehle ihm mit tiefer, fester Stimme «Laß das». Über die Möglichkeiten, einen Kampf zu verhindern, kann ich eigentlich nicht mehr sagen. Der Besitzer muß ständig aufpassen. Aber ich kann Ihnen einen Rat geben, wie man Hunde trennt, die sich ineinander verbissen haben. Die beste Methode, die ich kenne, besteht darin, den Hund fest an der Haut auf der Stirn zu packen, da diese Stelle besonders empfindlich und schmerzhaft ist; der Hund wird sofort den anderen loslassen. Wenn man schlägt, wird die Sache nur schlimmer. Pfeffer, das alte Rezept, trägt man ebensowenig mit sich herum wie einen Eimer Wasser. Ein weiteres Mittel, sagen mir die Leute, sei es, dem Hund mit den Händen die Kehle zuzudrücken. Ich bin nicht mutig genug, um dies zu versuchen, denn das Risiko, dabei von dem anderen Hund gebissen zu werden, ist mir viel zu groß. Ich habe im Laufe der Zeit viele sich beißende Hunde voneinander getrennt und dabei immer die oben beschriebene Methode angewendet.

Viele Menschen möchten gerne wissen, ob sie ihrem notorischen Raufer das Beißen abgewöhnen können, so daß er gefahrlos mit anderen Hunden herumtollen kann. Ich würde sagen: nein. Man kann einen Hund so weit bringen, daß er sich unter der Kontrolle seines Herrn mit anderen Hunden verträgt. Wir haben oft notorische Beißer dazu gebracht, sich mit dreißig oder mehr fremden Hunden ruhig in einem Raum aufzuhalten, aber die anderen Hunde waren alle gut erzogen und haben den Beißer nicht durch Knurren oder andere böse Bemerkungen gereizt. Ich möchte jedoch nicht behaupten, daß ein ehemaliger Beißer, wenn er angegriffen wird, nicht bis zum bitteren Ende zurückbeißt. Nur äußerste Disziplin, die sich manchmal durch entsprechende Ausbildung erziehen läßt, würde einem solchen Hund seine Unarten endgültig abgewöhnen. Ich habe Hunde, die früher einmal böse Beißer waren, so umerzogen, daß sie fromme Tiere wurden, die man auch ohne Leine gefahrlos ausführen konnte; einer von ihnen hatte sogar früher einmal einen anderen Hund totgebissen; sein Herr war jedoch ein vernünftiger Mann. Überhaupt hängt sehr viel vom Temperament des Besitzers ab. Ist er immer nervös, wird sich der Hund stets auf der Hut vor einem möglichen Angreifer befinden; hat der Hundehalter jedoch das Vertrauen, daß sein Hund von diesem Laster geheilt ist, wird auch der Hund seine Nervosität ablegen und viel weniger Lust verspüren, sich in eine Rauferei einzulassen. Ich glaube, daß solche Auseinandersetzungen, einschließlich der Gewohnheit, den eigenen Herrn, den Briefträger oder Besucher zu beißen, vor allem der Nervosität und dem Gefühl der Unsicherheit zuzuschreiben sind. Der Hund ist in seiner Jugend wahrscheinlich nicht genug ausgeführt worden; um einen Hund zu einem verläßlichen Begleiter zu machen, sollte man ihn in die Stadt und unter die Menschen, in Geschäfte und Parks mitnehmen, und man sollte ihm überall gestatten, anderen Hunden zu begegnen. Lassen Sie ihn ruhig von anderen Menschen streicheln. Bleiben Sie fest, wenn er fortschleichen will und sich anderen Menschen entzieht; zeigen Sie ihm, daß Menschen seine Freunde sind; wenn möglich, suchen Sie sich den Hund eines freundlichen Nachbarn und lassen Sie Ihren Hund mit dem anderen herumtollen, aber achten Sie darauf, daß er auf Befehl sofort von dem anderen abläßt und zu Ihnen zurückkommt. Ein solcher Hund wird nie zum Beißer werden: warum sollte er auch? Man sieht oft, daß große Hunde an ganz kurzer Leine geführt werden. Ich habe meinen Freunden immer wieder bewiesen, daß ein Raufer an langer Leine selten zum Angriff übergeht, aber die Leute haben solche Angst, daß sie es nicht wagen, den Würgegriff zu lockern. Wenn ein großer Hund in einen Kampf verwickelt wird, gehört natürlich viel Mut und Kraft dazu, der Schlacht ein Ende zu setzen. Ich habe einmal zwei Hunde getrennt; einer von ihnen erwischte mein Bein, da er es offenbar für den anderen Hund hielt, und ich konnte den zweiten Hund nicht loslassen, sonst hätte der Kampf von neuem begonnen. Glücklicherweise nahm mir jemand den einen Hund ab, während ich den anderen von meinem Bein löste, aber ich trage noch immer die Narbe mit mir herum.

Ich glaube, daß die Neigung zum Raufen bis zu einem gewissen Grade ein vererbter Temperamentsfehler ist, und ich rate allen, die einen Hund kaufen wollen, sich vorher über die Veranlagung der

Eltern des Hundes zu erkundigen. Raufer sind immer stürmisch veranlagt und sollten deshalb vom frühesten Alter an einer strengen Disziplin unterworfen werden. Rollt sich der Hund gern auf den Rücken und versucht er, seinen Herrn oder die Leine zu beißen, wenn sie ihm angelegt werden soll, so sind diese Angewohnheiten oft das Vorspiel zu ernsthaften Beißereien oder Raufereien im späteren Leben. Ich dulde unter gar keinen Umständen, daß ein Hund auch nur im Spiel an mir herumknabbert, und jeder Versuch, mir als Antwort auf einen Befehl die Zähne zu zeigen, wird rücksichtslos ausgemerzt.

Ich denke mir oft, daß Hunde nur deshalb beißen und raufen, um Dampf abzulassen. Viele Hunde führen ein so eingeengtes Leben, daß sich alle ihre Gefühlsregungen in ihnen aufstauen. In vergleichbaren Umständen bekommen Menschen einen Wutausbruch oder sie brechen in Tränen aus, aber Hunden wird ein solches Ventil nicht geboten. Wenn ein Hund sich als vollgültiges Mitglied der Familie fühlt und ein ausgefülltes Leben führt, erwirbt er nie derartige Laster, da er viel zu viele andere legitime Interessen hat.

Wenn ein Hund trotzdem ein Beißer bleibt, obwohl sein Besitzer alle meine Ratschläge beherzigt, möchte ich sagen, daß er unheilbar ist; in diesem Falle muß der Besitzer entscheiden, ob er ihn behalten und dabei ständig auf der Hut sein will – wobei er natürlich Unfälle verursachen kann, die eine gerichtliche Ahndung nach sich ziehen können, oder ob er ihn einschläfern lassen muß, um ihn von seinem unglücklichen Dasein zu befreien. Ich hasse das Einschläfern von Hunden, und nur der Besitzer vermag hierüber zu entscheiden.

Viele Hunde werden nur durch falsche Behandlung von seiten unerfahrener Besitzer zu Beißern. Hat er sich diese Unart erst einmal angewöhnt, bedarf es eines erfahrenen Ausbilders, um Abhilfe zu schaffen, aber ein zum Raufen neigender Hund bleibt immer ein unsicherer Kantonist, auch wenn er teilweise «geheilt» ist.

Neuntes Kapitel

Warten auf Befehl

Diese Übung gehört zum fortgeschrittenen Programm einer Gehorsamsprüfung bei Hundeausstellungen. Hier wollen wir sie in bezug auf ihre Nützlichkeit für den normalen Hundehalter untersuchen. Es kommt darauf an, den Hund zum sofortigen Verharren, entweder im «Stehen», «Sitz» oder «Platz» zu bewegen, so daß Sie ohne ihn weitergehen oder weiterlaufen können und sich keine Sorgen über sein Verhalten zu machen brauchen. Es kann Notfälle geben, in denen man durch diese Übung ein Menschenleben retten kann. Sie könnten zum Beispiel sehen, wie ein kleines Kind auf der Straße in ein Auto zu laufen droht; auf den Befehl «Bleib da» bleibt Ihr Hund sofort stehen, und Sie können das Kind ungehindert aus der Gefahrensituation retten. Oder Sie wollen Ihren Hund einen Augenblick vor der Garage warten lassen, weil Sie noch etwas im Haus vergessen haben; auf das Kommando «Bleib da» verharrt er bis zu Ihrer Rückkehr auf der Stelle.

Wir lehren diese Übung in unseren Kursen folgendermaßen: Ein Gehilfe geht hinter dem Hund und seinem Führer her, und auf das Wort des Führers «Jetzt» läßt der Führer die Leine neben dem Gehilfen zu Boden fallen; dieser tritt darauf, und mit dem Befehl «Bleib da» bleibt der Hund stehen, bis der Führer einen Kreis beschrieben hat und zu dem Hund zurückgekehrt ist. Er nimmt die Leine wieder auf und geht bei gleichzeitigem Kommando «Fuß» und einem Wort des Lobes weiter. Das nächstemal wird die Übung wiederholt, nur gibt man dem Hund den Befehl «Sitz». Und nachdem diese Übungen mehrfach wiederholt worden sind, wird der Hund in der dritten Phase mit dem Kommando «Platz» abgelegt (Tafel 9). Der Grundgedanke ist, dem Hund beizubringen, sofort stehenzubleiben und seinen Herrn in verhältnismäßig kurzer Zeit zurückzuerwarten. Es ist ganz erstaunlich, wie rasch die Hunde diese Übung erlernen. Ich finde, daß es am schwierigsten ist, den Hunden das Stehen beizubringen, da sie zuvor gelernt haben, sich in solchen Fällen hinzusetzen. Wenn sich Ihr Hund setzt, obwohl Sie wünschen, daß er steht, fahren Sie ihm rasch mit der Hand unter den Bauch und heben Sie ihn in die stehende Stellung. Er kommt dadurch nicht aus dem Konzept. Denken Sie daran, den Befehl «Bleib da» in kurzem, knappem Tonfall zu geben.

Wenn Ihr Hund sich daran gewöhnt hat, bei dem Gehilfen zu bleiben, der den Hund nicht anrühren darf (er fungiert nur als eine Art Anker), dann lassen Sie als nächsten Schritt den Hund ohne Helfer, aber an der Leine zurück. Man muß diese Übung im Haus oder im Garten so oft wiederholen, bis sich der Hund nicht rührt, ehe Sie zurückkommen. Als nächsten Schritt müssen Sie die Übung ohne Leine durchführen. Üben Sie im Schritt und in schnellem Lauf. Zum Schluß spenden Sie dem Hund ein überschwengliches Lob. Ich verwende aufmunternde Worte während der Übung, wie beispielsweise «Braver Kerl» (oder «Braves Mädchen»), damit dem Hund klar wird, daß die Übung noch nicht zu Ende ist. Wenn er aber auf alle drei Kommandos richtig reagiert hat, sprudle ich förmlich über vor Lob und Anerkennung.

Um Ihrem Hund diese Übung korrekt beizubringen, müssen Sie wissen, wie Ihr Hund lernt, stehenzubleiben, sich zu setzen oder hinzulegen, wenn der Befehl hierzu aus einiger Entfernung gegeben wird. Diese Übung ist für alle Hundehalter von größter Bedeutung, denn früher oder später kommt der Zeitpunkt, wo unser Hund uns bei der Heimkehr entgegenrennt und sich selbst oder jemand anderen durch seinen Überschwang auf der Straße in Gefahr bringt; der Hund rennt in freudiger Erregung quer über die Straße. Wenn er aber gelernt hat, auf ein Handzeichen stehenzubleiben oder sich hinzulegen, können Sie diese Gefahr meist bannen

Diese Übung fällt unter das Kapitel «Sicht- und Hörzeichen», und ich werde in den nächsten Seiten näher darauf eingehen.

Zehntes Kapitel

Sicht- und Hörzeichen

Um die Hunde auf Sicht- und Hörzeichen einzustellen, lasse ich die Hundeführer in einer langen Reihe antreten und die Hunde, mit dem Gesicht zu ihnen, gegenüber am Ende der Leine Aufstellung nehmen. Diese Ausbildung ist aber auch zu Hause jederzeit möglich. Wenn ich den Befehl «Jetzt» gebe, erteilen die Führer ihren Hunden das gleiche Kommando. Sage ich «Platz», müssen die Hundeführer ihre rechte Hand heben und sie beim gleichzeitigen Kommando «Platz» scharf auf den Boden hinunterschlagen; die Hunde müssen unverzüglich in die «Platz»-Stellung gehen. Sie sollten diese Bewegung ausführen können, falls sie Schritt für Schritt anhand dieses Buches ausgebildet worden sind. Mein nächstes Kommando ist dann «Sitz»; die Besitzer müssen es für ihre Hunde wiederholen und gleichzeitig als Sichtzeichen die rechte Hand vom Boden bis über den Kopf heben (Tafel 10). Das Kommando «Sitz» muß kurz und scharf gegeben werden. Der Wechsel im Tonfall (ich kann dies gar nicht oft genug betonen) spielt bei diesen Übungen eine enorme Rolle. Falls der Hund nicht sofort in «Sitz» übergeht, helfen Sie ihm dadurch, daß Sie ihn an der Leine etwas anheben oder seine Krallen an den Vorderpfoten leicht mit dem Fuß berühren, so daß er sich von Natur aus in die «Sitz»-Position erhebt.

Als nächstes gebe ich das Kommando «Steh». Der Besitzer wiederholt das Kommando, und das dazugehörende Signal ist ein Schlag auf den Oberschenkel, der den Hund auffordert, auf Sie zuzukommen (Tafel 11). Sobald der Hund steht, befehlen Sie ihm «Bleib da», das er inzwischen gelernt haben muß. Sollte der Hund nicht aufstehen, streichen Sie ihm mit der Hand zwischen den Vorderbeinen die Brust entlang bis zum Bauch und heben Sie ihn dadurch auf die

Hinterbeine. Sie können ihn auch mit beiden Händen an den Hinterbeinen hochheben. Wenn der Hund an der Leine Fortschritte gemacht hat, legen Sie ihn an die Schnur und wiederholen Sie die Übung aus größerer Entfernung. Er wird zunächst versuchen, auf Sie zuzukommen; dies muß mit dem Kommando «Bleib da» unterbunden werden. Auch bei Gehorsamstests darf sich der Hund zwei Meter nach vorn bewegen, deshalb brauchen Sie sich keine Sorgen zu machen, wenn er nicht genau an derselben Stelle bleibt. Wenn er auf der Straße zu weit vorginge, könnte er leicht überfahren werden. Ich würde einen kleinen Hund auf dem Tisch, einen großen oben auf der Treppe üben lassen, damit sie sich nicht zu weit vorwagen können. Wenn der Hund diese Übung schließlich einwandfrei ausführt, nehmen Sie ihm die Schnur ab und wiederholen Sie das Ganze noch einmal ohne Schnur. Aber übertreiben Sie diese Wiederholungen nicht, denn diese Übungen sind sehr ermüdend für den Hund und verlangen große Konzentration von Hund und Besitzer. Wenn der Hund diese Übungen gut gelernt hat, setzen Sie sie von Ihrem Stundenplan ab und führen Sie sie nur noch gelegentlich durch. Ich hoffe, Sie werden nicht allzu oft davon Gebrauch machen müssen.

Wenn der Hund diesen Ausbildungsstand erreicht hat, lassen Sie ihn gelegentlich in einiger Entfernung zurück, rufen Sie ihn, und wenn er auf Sie zugelaufen kommt, geben Sie ihm das Sichtzeichen mit dem Befehl «Platz». Wenn Sie ihn richtig ausgebildet haben, sollte er sich auf der Stelle hinlegen und so lange warten, bis Sie ihn wieder rufen, sobald die Gefahr vorüber ist. Bei Gehorsamstests nennt man diese Übung «Platz auf Abruf»; sie darf entweder mit Sicht- oder mit Hörzeichen, aber nicht mit beiden gleichzeitig ausgeführt werden. Ich bin hiermit keineswegs einverstanden. Ich sehe nicht ein, warum ein Besitzer im Notfall nicht beide Zeichen gleichzeitig verwenden sollte, wenn das Leben des Hundes oder eines Menschen davon abhängt. Ich kann mich mit diesen törichten Regeln einfach nicht abfinden. Ich sehe gern, wenn ein Hund zeigt, was er gelernt hat, aber nur dann, wenn der Erfolg auf das gemeinsame Bemühen und das gegenseitige Verständnis von Hund und Besitzer zurückgeht. Diese stummen Herrchen und Frauchen auf den Hundeausstellungen können ihre Hunde halten, wie sie wollen, aber niemand sollte mir sagen, daß der Hund Spaß daran hätte. Ich bin der Meinung, daß jene Hunde, die herumlaufen, als ob sie Spaß an der Sache hätten, nichts weiter als ein Nervenbündel sind und ängstlich bangen, nur ja keinen Fehler zu machen. Mir hängen nicht die Trauben zu hoch; mein früherer Hund gewann siebenundsechzig von diesen Tests, aber wir beide haben gleichermaßen jede einzelne dieser Vorführungen gehaßt. Man mußte aber zunächst beweisen, daß man seinen eigenen Hund richtig ausbilden konnte, um die Genehmigung zu erhalten, anderer Leute Tiere zu erziehen. Dies ist der einzige Grund, warum ich an diesen Tests teilnahm. Manche Leute glauben, es sei grausam, einem Hund Kunststücke beizubringen. Meine Hündin beherrscht eine endlose Reihe davon; und mit welcher Freude tut sie so etwas für mich! Man sieht ihr den Stolz förmlich an, wenn sie etwas besonders Kompliziertes geschafft hat, und sie erwartet dann auch von mir, daß ich diese Leistung honoriere. Ich höre auch gern ein Lob, wenn ich etwas besonders gut gemacht habe; das gleiche gilt für Kinder und auch für Tiere. Wenn ich sie in einem Film auftreten lasse, kann sie es kaum erwarten, daß der Regisseur «Cut» sagt, um zu allen im Studio hinzurennen und sich anzuhören, wie großartig sie ihre Sache gemacht hat. Ich kann meinem Hund in ein paar Minuten irgendeinen neuen Trick beibringen, und ihm macht es großen Spaß, vorausgesetzt, daß ich hinterher mit meinem Lob nicht zurückhalte.

Man ist geteilter Meinung darüber, ob man Hunden Kunststücke beibringen soll oder nicht. Ist es nicht Tierquälerei, fragen die Leute. Ich kann nichts Grausames daran entdecken, wenn der Hund nicht im Zirkus oder ähnlichen Veranstaltungen zu einer ganz bestimmten Zeit ein Kunststück auszuführen hat, auch wenn er im Augenblick dazu nur sehr wenig Lust hat. Die meisten Hunde lieben ihre kleinen Tricks im Haushalt, sie betteln oder bellen, wenn sie etwas zu fressen haben wollen, sie spielen Verstecken und so weiter. Ich finde, sie nehmen im Kreise der Familie an diesen kleinen Späßen teil, die wir alle lieben. Ein Hund, der bereits die einfachen Formen des Gehorsams gelernt hat, begreift sehr leicht die verschiedensten Tricks und liebt es, sich zu produzieren. Wenn er diese Dinge nicht gern tut, dann halte ich es allerdings für Tierquälerei, ihn dazu zu zwingen.

Elftes Kapitel

Suchen und Apportieren

Dies ist eine weitere Übung, die der Besitzer seinem Hunde beibringen sollte. Ihr praktischer Vorteil liegt darin, daß der Hund, falls Sie auf der Straße etwas verlieren, zurücklaufen, den Gegenstand suchen und Ihnen zurückbringen wird. Die meisten Hunde in meinen Lehrgängen, denen wir zum erstenmal eine Übungshantel geben, spielen begeistert mit ihr. Einige bringen sie sogar ihrem Herrn zurück. Aber gerade diese übereifrigen Hunde haben dieses Spiel am ehesten satt und müssen später wieder von vorn anfangen. Deshalb beginnen wir den Unterricht ganz von vorn und lassen den natürlichen Hang des Hundes, etwas zu apportieren, außer acht, denn dieser Drang läßt bald nach, wenn er nicht in die richtigen Bahnen gelenkt wird.

Zunächst verwenden wir eine Übungshantel, denn sie hat dicke Enden, so daß die Stange in der Mitte über dem Boden hängt; dadurch kann der Hund die Hantel leicht aufnehmen. Man darf nie zulassen, daß der Hund eines der Enden ins Maul nimmt oder an ihr kaut. Ich bewahre meine eigene Hantel oben auf einem Regal auf, und wenn ich sie meinem Hund gebe, tue ich es in einer lustigen Art, als ob es das größte Vergnügen auf der Welt wäre, eine Übungshantel zu apportieren!

Zu Beginn lassen wir den Hund die «Sitz»-Stellung einnehmen. Dann öffnen Sie ihm vorsichtig das Maul, indem Sie Ihren Finger an der Seite hineinschieben, wo eine Zahnlücke besteht, also unmittelbar hinter dem großen Eckzahn; dabei halten Sie die Hand immer auf der Nase des Hundes und versuchen Sie nicht, den Unterkiefer herunterzuziehen. Wenn er das Maul aufmacht, schieben Sie ihm die Hantel mit der anderen Hand hinein (Tafel 12). *Drücken Sie ihm die Hantel nicht hinten ins Maul,* sondern legen Sie sie ihm nur leicht hinter die Eckzähne, damit er das Maul wieder zumachen kann. Wenn Sie ihm die Hantel gewaltsam ins Maul schieben, bekommt er Angst, weil es ihm wehtut, und die Aufgabe wird um so schwieriger. Sollte der Hund versuchen, die Hantel wieder auszuspucken, wie es viele tun, legen Sie sie ihm mit dem Kommando «Nimm» wieder ins Maul zurück; Sie können ihm dadurch helfen, daß Sie ihm mit der anderen Hand die Brust kraulen, denn Hunde halten Übungs-hanteln immer so lange im Maul, wie dieses angenehme Kraulen fortgesetzt wird. Dann sagen Sie «Aus» in besonders freundlichem Ton und nehmen ihm die Hantel wieder weg. Fassen Sie hierbei die Hantel immer mit beiden Händen an, niemals nur an einem Ende. Wiederholen Sie diese Übung häufig, bis der Hund den Gegenstand ohne weiteres in seinem Maul behält. Ich gebe den Hunden häufig einen kleinen Leckerbissen zur Belohnung, wenn sie die Hantel eine Weile im Maul gehalten haben. Anschließend muß der Hund mit der Hantel im Maul ein paar Schritte gehen. Wenn Sie ihn dazu bringen können, am Ende der langen Schnur stehen zu bleiben, ohne die Hantel fallen zu lassen, und sie Ihnen dann wiederzubrin-gen, haben Sie eine wichtige Hürde genommen. Wenn es aber nicht gleich gelingt, begnügen Sie sich zunächst damit, daß er mit der Han-tel im Maul neben Ihnen hergeht; befehlen Sie ihm zu sitzen – die Hantel noch immer im Maul –, und dann nehmen Sie sie ihm mit dem Kommando «Aus» wieder weg. Loben Sie ihn nachdrücklich, wenn er dies gut gemacht hat. Manche Hunde sind bei dieser Übung unglaublich halsstarrig und wollen die Hantel einfach nicht festhalten. Sie lassen sie fallen und weigern sich beharrlich, sie wie-der ins Maul zu nehmen. Aber oft ist es mir gelungen, den Hund den-noch dazu zu bewegen, nachdem es dem Besitzer nicht geglückt ist, und zwar einfach dadurch, daß ich dem Hund gezeigt habe, daß meine Willenskraft doch noch etwas stärker ist als die seinige, und daß ich notfalls bis Mitternacht weitermachen werde, falls er seine Wider-spenstigkeit nicht aufgibt. Zum Schluß gewinne ich immer. Geduld, Festigkeit und Liebe sind hierzu die unabdingbare Voraussetzung.

Wir wollen einmal annehmen, daß Sie eine gute Hand mit Hunden haben und Ihr Hund gelernt hat, die Hantel im Maul zu behalten. Als nächsten Schritt müssen Sie ihm beibringen, die Hantel selber aufzunehmen. Stellen Sie sich neben Ihren Hund und halten Sie ihn mit der einen Hand in den weichen Hautfalten am Genick, während Sie ihm langsam den Kopf so weit hinunterdrücken, bis sein Maul direkt über der Hantel liegt. Dann öffnen Sie ihm mit der anderen Hand das Maul, indem Sie ihm mit dem Daumen von der Seite her ins Maul fahren, und schieben Sie ihm dann die Hantel mit den anderen Fingern hinein. Lassen Sie ihn dann wieder das Maul schließen, und geben Sie ihm das Kommando «Nimm». Nach einiger Zeit wird der Hund von selbst das Maul aufmachen, wenn Sie ihm den Kopf hinunterdrücken, und später wird er, wenn Sie diese Übung mit großer Geduld und Sorgfalt fortgesetzt haben, die Hantel allein aufnehmen. Sobald er dies getan hat, laufen Sie von ihm weg; der Hund wird Ihnen mit der Hantel im Maul folgen. Drehen Sie sich dann rasch um und befehlen Sie «Sitz»; helfen Sie dabei nach, falls er es nicht schnell genug tut, und wiederholen Sie dabei immer wieder das Kommando «Nimm». Dann nehmen Sie ihm die Hantel mit dem Wort «Aus» wieder weg und lassen den Hund an den gewohnten Platz an Ihrer linken Seite treten. Jetzt sind Sie schon einen großen Schritt weiter. Aber es ist noch eine große Schwierigkeit zu überwinden, nämlich die, daß der Hund auf Befehl zur Hantel hinläuft und sie Ihnen bringt. Am besten bitten Sie einen Freund, Ihnen hierbei zu helfen. Dieser hält die lange Schnur, an die Sie den Hund gelegt haben; dann lassen Sie den Hund an Ihrer Seite sitzen, werfen die Hantel fort und ermuntern den Hund, hinter ihr herzulaufen. Tut der Hund dies nicht freiwillig, sollte Ihr Freund den Hund an der Schnur zu der Hantel hinziehen. Jetzt muß der Hund gelobt werden, die Hantel aufnehmen und zu Ihnen zurück-

Tafel 7. «Platz» oder ablegen. a) Ein Vorderbein hochheben, die entgegengesetzte Schulter hinunterdrücken; b) mit der linken Hand rasch drücken; c) Hund legt sich; d) Einzelheit wiederholt: Haltung der linken Hand an der Schulter. ▷

kehren; er muß sich vor Ihnen hinsetzen und warten, bis Sie ihm die Hantel abgenommen haben; danach schicken Sie ihn wieder «bei Fuß» auf Ihre linke Seite. Der Hund versteht diesen Teil der Übung im allgemeinen schon nach kurzer Zeit. Und zum Schluß müssen Sie den Hund lehren, die Übungshantel nicht ohne ausdrücklichen Befehl zu holen. Falls Sie diese Vorsichtsmaßnahme übersehen, können eines Tages Kinder im Garten mit dem Ball spielen, und der Ball rollt dabei vielleicht auf die Straße hinaus; wenn der Hund nicht entsprechend ausgebildet ist, rennt er womöglich hinter dem Ball hinaus. Ein erzogener Hund wartet auf das Kommando, bis er den Ball holt. Ich empfehle den Hundehaltern gewöhnlich, ihre Tiere am Halsband festzuhalten und das Kommando «Bleib da» zu geben, bis der Hund begreift, was von ihm erwartet wird, und ruhig sitzen bleibt, bis das Kommando «Hol» gegeben wird.

Bevor wir mit der «Such»-Übung fortfahren können, müssen Sie dem Hund beigebracht haben, nur einen Gegenstand zu apportieren, der Ihren Geruch trägt; sonst bringt er womöglich etwas heran, das nicht Ihnen, sondern jemand anderem gehört. Diese Übung heißt offiziell «Apportieren nach Geruch», deshalb werde ich ebenfalls diese Bezeichnung verwenden.

Die meisten Hunde haben Spaß daran. Um einem Hund diese Übung beizubringen, läßt man am besten durch andere Leute irgendwelche Gegenstände auf dem Boden oder auf dem Rasen verteilen. Man verwende vorzugsweise Geldbörsen, Wäscheklammern, Streichholzschachteln, Handschuhe oder Taschentücher – also lauter Dinge, mit denen der Hund im täglichen Leben irgendwie in Berührung kommen kann. Dann bestimmen Sie, welchen Gegenstand der Hund finden soll, sagen wir: Ihren Handschuh. Klemmen Sie sich den Handschuh vor der Übung ein paar Minuten lang

◁ Tafel 8. «Platz» oder ablegen – andere Methode. a) Linken Fuß auf Gleitende des Halsbands halten, rechte Hand bleibt hoch; b) mit dem linken Fuß Druck ausüben; c) Druck auf Kette sofort aufheben, wenn der Hund liegt.

unter die Achsel, damit er Ihren Geruch aufnimmt. Dann legen Sie ihn, ohne daß der Hund es merkt, unter die anderen Gegenstände, die zuerst nicht allzu dicht beieinander liegen sollten. Dann führen Sie den Hund an der Leine zu den verschiedenen Gegenständen, weisen im Gehen auf jeden hin und sagen dabei ermunternd «Such», «Braver Hund, such». Sprechen Sie dabei in einem besonders anfeuernden Ton, als ob Ratten seine Beute wären. Wenn der Hund zu dem Handschuh kommt, nimmt er ihn gewöhnlich auf, worauf Sie ihn sofort loben sollten; sollte er aber an dem Handschuh vorbeigehen, machen Sie kehrt und zeigen Sie ihn ihm, heben Sie ihn selber auf und nehmen Sie ihn in die Hand, um mit ihm zu spielen. Dann führen Sie den Hund fort, lassen den Handschuh noch einmal auslegen und versuchen es wieder. Diesmal wird er mit ziemlicher Sicherheit den richtigen Gegenstand finden, also loben Sie ihn wieder und spielen Sie damit. Setzen Sie diese Übung fort, aber nehmen Sie jedesmal einen anderen Gegenstand, bis er begriffen hat, daß er nur dasjenige finden soll, was Ihren Geruch trägt. Sollte er den falschen Artikel aufnehmen, sagen Sie unwirsch «Pfui», nehmen Sie ihn ihm weg und zeigen Sie ihm das richtige Fundstück.

Sobald der Hund gelernt hat, nur den Ihnen gehörenden Gegenstand aufzunehmen, lehren Sie ihn, wie bei der Übungshantel, das Stück zu Ihnen zu bringen. Nachdem wir dem Hund das Auffinden und Apportieren eines Gegenstandes beigebracht haben, sind wir soweit, zum Auffinden verlorener Gegenstände überzugehen. Nehmen Sie den Hund auf einen Spaziergang mit und lassen Sie unterwegs irgendetwas fallen, das sich deutlich vom Weg abhebt, beispielsweise ein Taschentuch. Gehen Sie etwa zwanzig Meter weiter und befehlen Sie dann dem Hund in aufgeregtem Ton «Such», wobei Sie in die Richtung zeigen, aus der Sie gekommen sind. Der Hund wird Sie wahrscheinlich nicht verstehen, deshalb laufen Sie zurück und ermuntern Sie ihn unterdessen, auf dem Boden herumzusuchen. In neun von zehn Fällen sieht er das Taschentuch und nimmt es auf. Dann müssen Sie ihn mit besonderer Begeisterung loben. Lassen Sie ihn diese Übung mehrmals während des Spaziergangs wiederholen; er wird bald verstanden haben und Spaß an dem Spiel bekommen. Wenn er gute Fortschritte gemacht hat, verstecken Sie den Gegenstand irgendwo neben dem Weg im Gras. Dadurch soll er lernen, auch nach rechts und links zu blicken. Machen Sie es allmählich immer schwieriger für ihn, und Sie werden bald Ihrem Hund etwas beigebracht haben, das sich als sehr nützlich erweisen kann. Ein Freund von mir verlor kürzlich die Hausschlüssel im Wald. Sein Hund lief die Wegstrecke zurück und fand sie.

Zum Programm eines Gehorsamstests gehört jetzt nur noch eine weitere Übung, über die wir hier sprechen wollen, nämlich das «Geh weg». Ihr praktischer Nutzen ist meines Erachtens gering. Vielleicht können Sie Ihrem Hund dadurch beibringen, auf geradem Wege nach Hause zu laufen, falls er Ihnen beim Ausgang gefolgt ist, Sie aber wünschen, daß er zu Hause bleibt. Im C-Test auf Ausstellungen muß der Hund auf Hör- oder Sichtzeichen in einer schnurgeraden Linie so lange von Ihnen weggehen, bis Sie ihm den Befehl zum Niederlegen geben. Dann muß er «Platz» machen und liegenbleiben, während Sie an ihm vorbeigehen und ihn anschließend zu sich rufen. Es gibt Fehlerpunkte für jede Abweichung von der geraden Linie; keine weiteren Kommandos sind erlaubt, falls Sie die Richtung des Hundes korrigieren wollen, oder Sie erhalten zusätzliche Fehlerpunkte. Ich halte diese Übung für völlig sinnlos. Da aber einige meiner Leser Freude an solchen Konkurrenzen haben, werde ich im nächsten Kapitel kurz auf dieses Thema eingehen.

Zwölftes Kapitel

«Geh weg»

Ich lehre dies wieder an der langen Schnur, falls der Hund keine Anstalten macht, sich von mir zu entfernen, wenn ich sage «Weg» oder «Geh». Unser Hund hat bereits gelernt, die Übungshantel zu holen und sich dabei von Ihnen zu entfernen; man kann also noch einen Schritt weiter gehen und den Hund zwar weggehen, aber nichts bringen lassen. Nehmen wir einmal an, der Hund bleibt halsstarrig. Dann muß ein Gehilfe die Schnur, wie üblich, in einiger Entfernung von dem Hund übernehmen. Der Hund sitzt an Ihrer linken Seite und erhält das Kommando «Weg», wobei mit dem rechten Arm die Richtung angezeigt wird, in der er sich bewegen soll. Rührt er sich nicht von der Stelle, helfen Sie ihm, indem Sie das Kommando wiederholen und ihn gleichzeitig mit der Hand in die gewünschte Richtung schieben. Wiederholen Sie «Weg» und stampfen Sie mit dem Fuß auf die Erde, als ob Sie ihn jagen wollten. Er versteht nicht, was Sie meinen. Also gut, dann muß der Gehilfe ihn an der Schnur fortziehen, während Sie weiter mit der Hand zeigen und das Kommando «Weg» wiederholen. Wenn er eine kleine Strecke gegangen ist, befehlen Sie ihm «Platz». Er sollte dieses Wort kennen und sich unverzüglich hinlegen; gehen Sie zu ihm, sagen Sie zu ihm «Bleib da», gehen Sie um ihn herum und dann wieder weg. Schließlich rufen Sie ihn zu sich und loben ihn.

Man kann diese Methode auch durch eine andere, schnellere ersetzen. Geben Sie Ihrem Hund den Befehl «Sitz» und «Bleib da»; dann gehen Sie einige Schritte von ihm fort, bücken sich an einer Stelle, wo er Sie noch sehen kann, und reiben kräftig mit der Hand auf dem Boden herum; dann gehen Sie zum Hund zurück und erteilen ihm das Kommando «Weg». Meist wird er dann losrennen, um nachzusehen, was Sie auf dem Boden gemacht haben; dann können Sie ihn ablegen.

Ich halte die erstgenannte Methode für besser. Dem Hund das «Geh weg» beizubringen, kann viel Geduld und Zeit erfordern.

Dreizehntes Kapitel

Schwierige Hunde

In all meinen Büchern, Rundfunksendungen und Auftritten im Fernsehen habe ich ständig die Besitzer ungehorsamer Hunde dafür getadelt, daß sie sich gegenüber ihren Hunden nicht durchzusetzen vermögen. An dieser Stelle möchte ich jedoch das Loblied all der unzähligen Hundeliebhaber singen, die zwar zugeben, daß die Schuld wahrscheinlich bei ihnen selbst liegt, aber alles in ihrer Macht Stehende tun, um ihren Hunden zu einem glücklichen Leben zu verhelfen. Sie nehmen sich die Zeit, mit ihren Hunden oft Hunderte von Kilometer zu meinen Lehrgängen zu kommen, sie lesen, lernen und verdauen wirklich die ihnen erteilten Instruktionen. Wenn sie manchmal das erworbene Wissen nicht in der Praxis anwenden können, so haben sie es wenigstens versucht. Ich persönlich habe immer große Freude empfunden, wenn ich diese freundlichen und besonders netten Menschen kennenlernen konnte. In dem beiderseitigen Wunsch, die Hunde gut zu erziehen, haben wir oft dauerhafte Freundschaften angeknüpft. Wenn sich manche mit meinen Methoden nicht einverstanden erklären konnten oder ich an ihrem Verhalten etwas auszusetzen hatte, haben wir uns eben wieder getrennt. Ich erinnere mich noch gut an eine Dame, die mitten im Lehrgang abreiste, als ich mich sarkastisch über ihre Fähigkeiten als Hundeausbilderin äußerte. Ich dachte natürlich, daß ich sie nie wiedersehen würde. Etwa zehn Jahre später erschien sie wieder bei einem Lehrgang und meinte, ihr früherer Hund sei so brav gewesen – ob sie vielleicht ihren neuen Welpen zu mir bringen dürfte? Ich brauche nicht zu betonen, wie sehr ich mich über die Rückkehr des verlorenen Schafes freute. Und von diesem Augenblick an war sie eine ausgezeichnete Ausbilderin. Hierin zeigt sich wieder einmal, daß man auch Kritik ertragen muß, wenn man rasche Fortschritte machen will. Ich weiß, daß die meisten Trainingsklubs mit ihren Mitgliedern nicht so rauh umgehen wie ich es tue, aber wenn man eine möglichst große Anzahl von Hunden und Hundehaltern im Jahr «abfertigen» will, kann man sich nicht mit Kleinigkeiten abgeben. Denjenigen, die bereit sind, aus Fehlern zu lernen, sage ich immer: Ich kann Ihnen versichern, daß Ihr Hund durchaus erziehbar ist.

Ich hoffe, daß dieses letzte Kapitel dazu beitragen wird, zwischen Ihnen und Ihrem Hund das Gefühl herzlicher Partnerschaft aufkommen zu lassen.

Um ein guter Trainer zu sein, muß man den Hunden mit großer Liebe begegnen, man muß eine Engelsgeduld besitzen, gleichzeitig aber auch eine gewisse Willensstärke, die einen davor bewahrt, sich nicht gleich geschlagen zu geben. Falls Ihnen diese Eigenschaften fehlen, machen Sie sich keine allzu großen Sorgen, denn man kann sie auch nachträglich entwickeln; wenn nicht, kann Ihr Hund vielleicht dazu erzogen werden, Sie zu erziehen.

Warum mißraten Hunde?

Als ich das Manuskript für den ersten Teil dieses Buches fertiggestellt hatte, schickte ich es meiner Mutter. Sie schrieb mir nach der Lektüre, das Buch habe ihr zwar viel Freude gemacht, aber sie sei sicher, daß eigentlich keinerlei Bedarf dafür bestehe, denn die Leute wüßten ja sowieso, wie sie ihre Hunde zu erziehen hätten. Inzwischen hat sich erwiesen, daß viele Menschen nicht nur nicht wissen, wie sie ihre Hunde erziehen sollen, sondern daß sie in zunehmendem Maße «schwierige Hunde» besitzen und auf ihren Spezialfall zugeschnittene Hilfe benötigen. Deshalb habe ich diesen zweiten Teil geschrieben. In ihm werde ich mich mit den Schwierigkeiten beschäftigen, vor denen die Besitzer solcher Hunde stehen, und Ratschläge geben, wie man dieser Schwierigkeiten Herr werden kann.

In den Hunderten von Briefen, die ich erhalte, taucht der Ausdruck «schwieriger Hund» immer wieder auf, daher der Titel dieses Teils. Viele Briefschreiber erzählen mir, daß sie dreißig Jahre und länger verschiedene Hunde gehabt, aber noch nie ein so eigensinniges, halsstarriges oder gar bösartiges Tier besessen haben. Ohne Ausnahme bilden sie sich alle ein, daß ihr Hund ein einzigartiges Beispiel von Bösartigkeit sei. Wenn sie meine tägliche Post lesen könnten, würden sie wissen, daß sich ihre Formulierungen fast Wort für Wort in Hunderten von Briefen aus aller Welt wiederholen. Diese Leute wollen zunächst nicht glauben, daß ihr Hund nicht schlechter sei als mancher andere, und daß der Grund für seine Unarten oft vor der eigenen Haustür zu suchen ist. Ich werde immer bei meiner Meinung bleiben, daß es mit Ausnahme solcher Fälle, in denen körperliche oder geistige Anomalien auftreten, keinen Hund gibt, aus dem sich nicht durch richtiges Training ein guter Gefährte machen ließe – das heißt, *falls* der Besitzer ausgebildet werden kann.

Während der letzten zehn Jahre habe ich dreizehntausend Hunde und deren Besitzer ausgebildet, und mir blutet das Herz, wenn ich an die sogenannten schwierigen Hunde denke, die mir zur Umerziehung vorgestellt worden sind. In den meisten Fällen kann man einem Hund alles Notwendige in ein paar Minuten beibringen. Wenn *ich* mit ihm arbeite und in aufmunterndem, lustigem Ton mit ihm rede, macht der Hund schweifwedelnd und freudig mit. Wenn er etwas nicht richtig macht oder ungehorsam ist, schlage ich einen Ton an, der soviel bedeutet wie «entweder du parierst, oder ...», und nur auf wenige Hunde machen dieser Tonfall und der Ausdruck auf meinem Gesicht keinen Eindruck. Wenn man aber diesen selben

Tafel 9. «Steh» – «Sitz» – «Platz». a) Hund wartend stehen lassen; b) «Sitz!»; c) «Platz!»; d) beim Ende der Übung sitzt der Hund. ▷

Tafeln 10 und 11. Hör- und Sichtzeichen. a) Hand nach unten beim Befehl «Platz!»; b) Hand hoch beim Befehl «Sitz!»; c) Hand klopft auf Oberschenkel; d) Befehl dazu: «Steh!» ▷▷

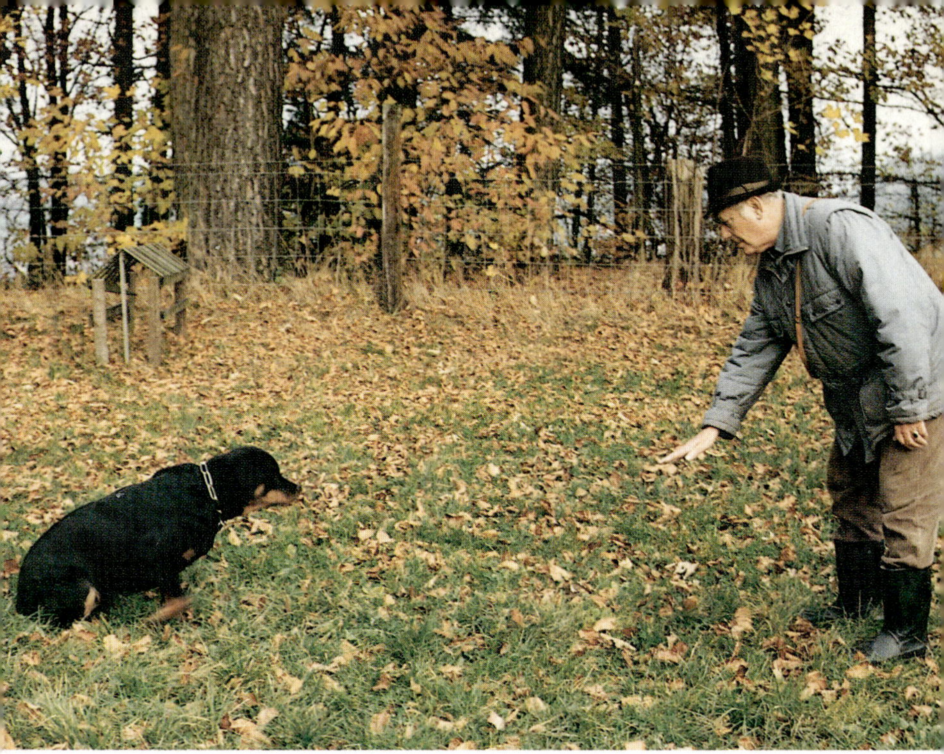

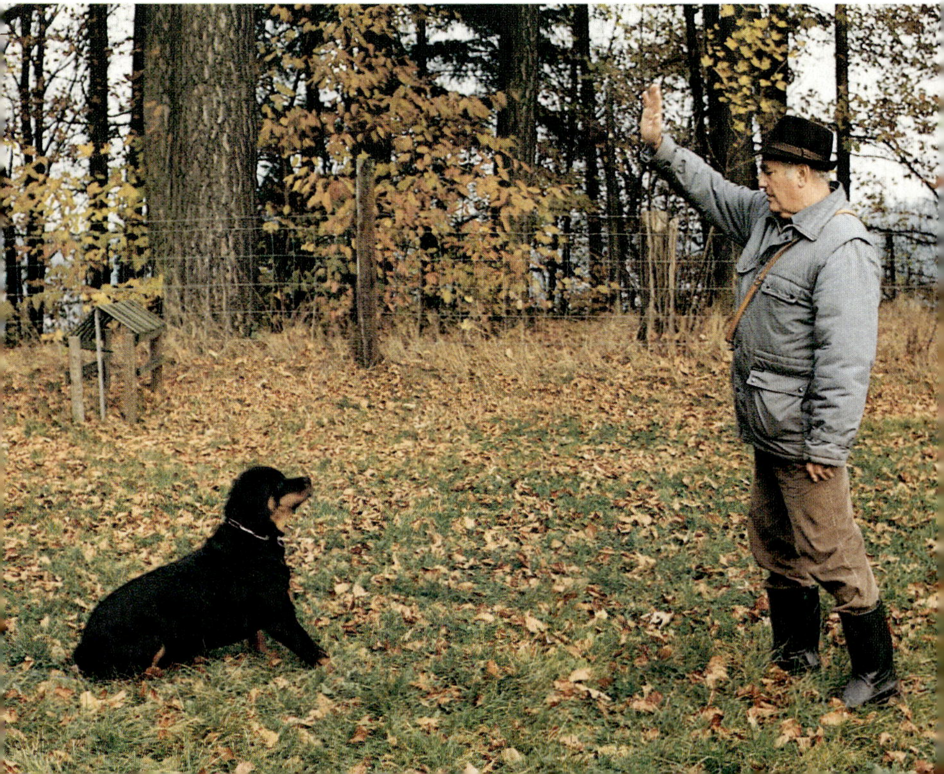

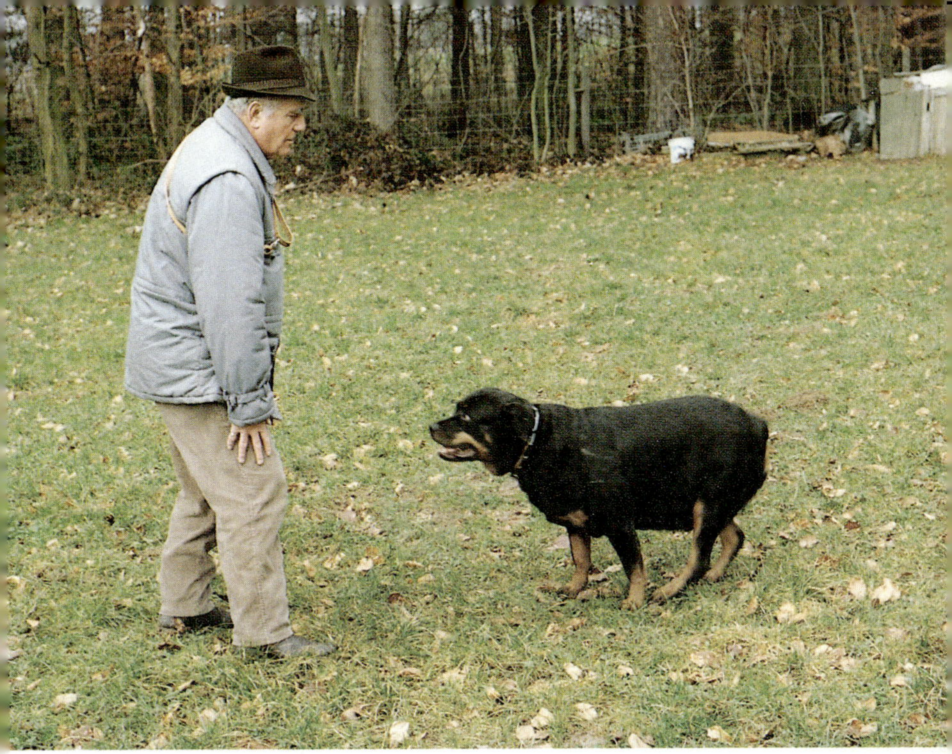

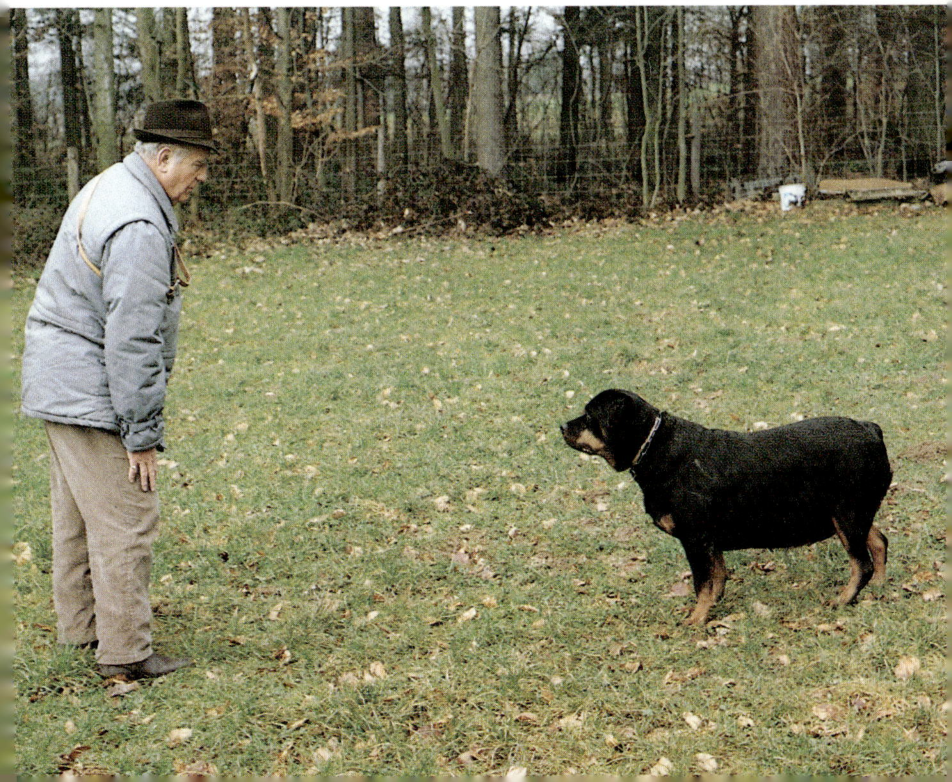

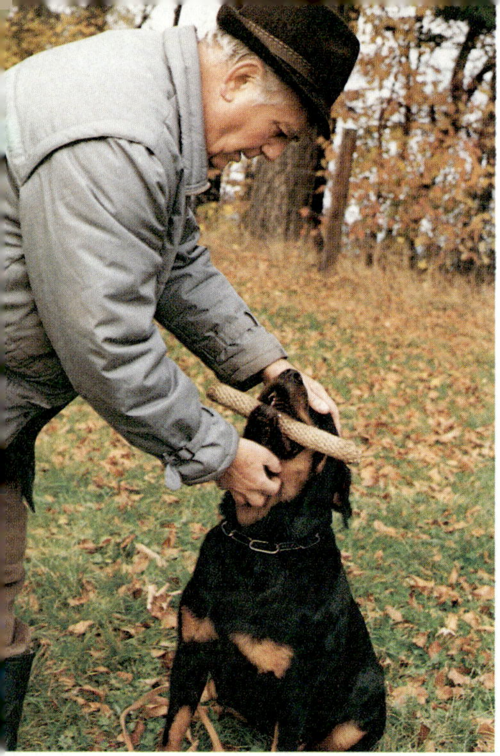
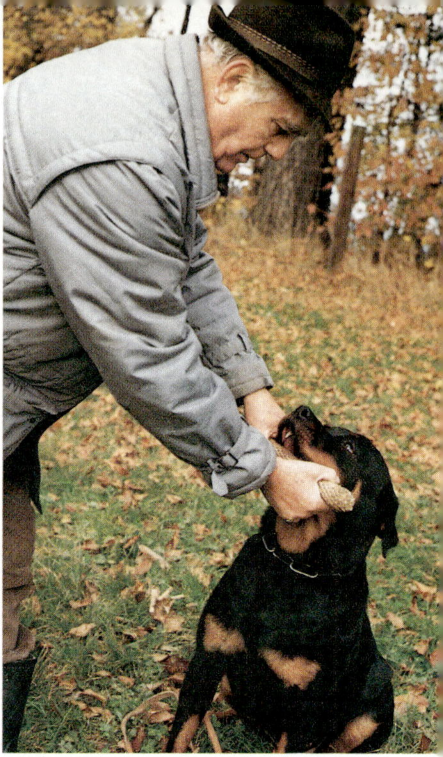
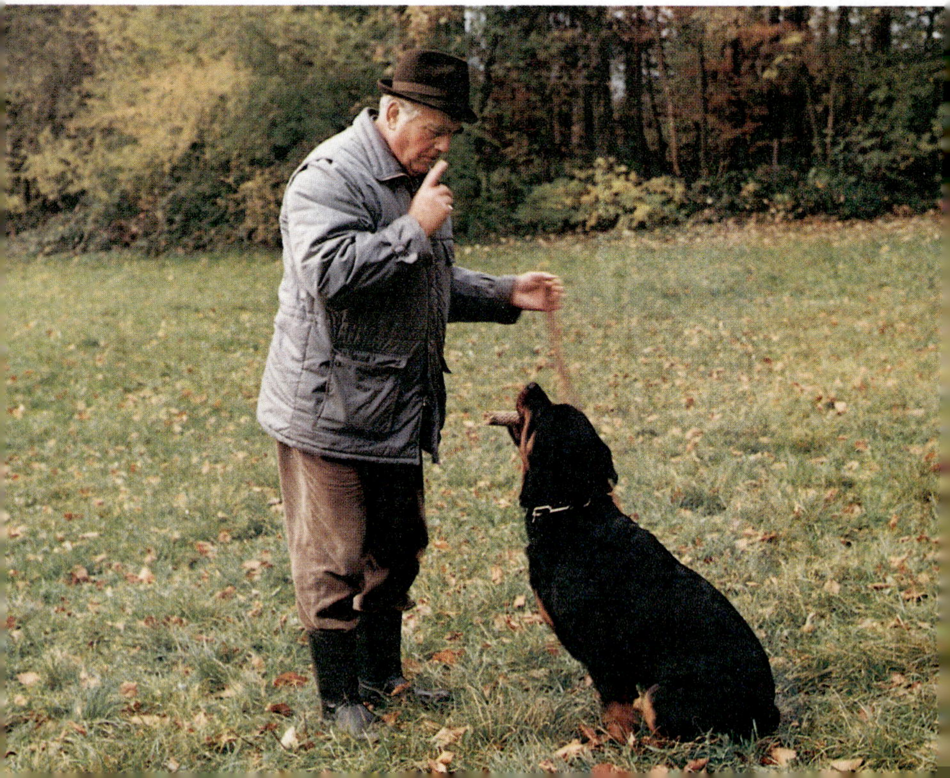

Hund seinem unerfahrenen Besitzer zurückgibt, ändert sich das Bild. Warum? Zunächst deshalb, weil es bei uns in den letzten Jahren zur Gewohnheit geworden ist, sich von Kindern und Hunden mehr als früher gefallen zu lassen. Und außerdem ist uns seit langer Zeit die freundliche Einstellung gegenüber Tieren in Fleisch und Blut übergegangen, und viele Hundebesitzer verstehen nicht, was eigentlich darunter gemeint ist. Hat es etwa einen Sinn, daß der Hund das Leben seines Herrn so wie sein eigenes aufs schwerste belastet, wenn man ihn andererseits mit dem Gleithalsband in ein paar Minuten mit fester Hand umerziehen kann und ihm damit klarmacht, wer eigentlich der Boß ist?

Ich würde nicht zögern, diese Frage zu beantworten. Ich möchte meinen: «Korrigieren Sie den Hund rasch und bestimmt, und dann schenken Sie ihm Ihre ganze Liebe, und der Hund wird Sie dafür in sein Herz schließen.» Treffen Sie aber nur halbe Maßnahmen in der irrigen Annahme, daß alle ungezogenen Hunde allein mit liebevollen Worten gebessert werden könnten, dann brauchen Sie die Erziehung Ihres Hundes gar nicht erst zu beginnen. Wohlgemerkt, ich rede hier nicht von dem normalen Welpen oder Junghund oder von dem erfahrenen Besitzer, dem es ebenso leicht fällt, seinen Hund zu erziehen wie sein Frühstück zu essen.

Zweifellos werden heutzutage sehr viel mehr Hunde gehalten; deshalb werden häufig unerfreuliche Hunde nur deshalb gezüchtet, damit sie aus Gewinnsucht dem Publikum zum Kauf angeboten werden können. Die berufsmäßigen Züchter können hierbei nicht entschuldigt werden. Sie sollten es eigentlich besser wissen, als schlechte Erbanlagen auf diese Weise fortzupflanzen. Die Amateure unter den Züchtern glauben noch immer an das Ammenmärchen, daß der Wurf einer nervösen oder unausgeglichenen Hündin dem

◁ Tafel 12. Umgang mit der Übungshantel. a) Finger im Maul des Hundes, linke Hand drückt den Kopf hinunter; b) anderer Finger der Linken schiebt dem Hund die Hantel ins Maul; c) nun darf der Hund sein Maul schließen und die Hantel tragen.

Temperament der Mutter zugute kommt. Was sie nicht wissen oder was ihnen gleichgültig ist, dürfte die Tatsache sein, daß sie eine Flut von unzuverlässigen und neurotischen Hunden in die Welt setzen, die Tausende von Hundeliebhabern in Schwierigkeiten bringen und mich und andere meinesgleichen an die Schreibmaschine fesseln und zur Durchführung von Ausbildungslehrgängen zwingen, damit die Fehler korrigiert werden können, die bei normalen Hunden niemals auftreten. Aber trotz alledem behaupte ich, daß sich auch diese Fehler leicht beheben lassen, wenn die Besitzer nur wüßten, wie sie mit ihren Hunden umzugehen haben.

Es gibt jedoch etwas, das ich einen Hund nicht lehren kann: seinen Herrn zu lieben. Ich begegne jährlich Hunderten von Hunden, die anscheinend nicht die geringste Zuneigung zu ihrem Besitzer empfinden. Diese Hunde müssen zum Gehorsam aus Angst erzogen werden – aus Angst vor den Folgen des Ungehorsams. Wie traurig ist doch ein solches Verhältnis zwischen Hund und Besitzer! Es zerreißt mir schier das Herz, wenn die Augen des Hundes aufleuchten, sobald ich mich neben ihm hinknie, und wenn er vor Freude aufjault, wenn ich ihn streichle und küsse.

Wie ist es möglich, einen Hund zu halten, zu füttern und unterzubringen und ihn angeblich auch zu lieben, ohne seine Zuneigung zu erringen? Die Antwort ist der Respekt. Ohne Respekt gibt es im Tierreich nur wenig Liebe. Ein Tier muß immer einen Boß haben, den es lieben und respektieren kann. Bei einigen Hunderassen ist dieser Respekt wichtiger als bei anderen, manche sind von Natur aus sanftmütig und folgsam.

Ich werde mich hier mit vielen Arten von Schwierigkeiten auseinandersetzen, die persönlich oder brieflich von Hundebesitzern an mich herangetragen werden. Bei der Lektüre dieser Zeilen werden es manche indignierte Hundebesitzer weit von sich weisen, unter eine der erwähnten Kategorien zu fallen. Viele werden ferner darauf bestehen, daß ihr Hund viel bösartiger als alle hier aufgezählten Fälle sei und mit den von mir empfohlenen Methoden nicht gebessert werden könne. Einige erklären in ihren Briefen, sie hätten alles versucht und seien vollkommen sicher, daß ich bei ihrem Hund mein Waterloo erleben werde. Ich nehme derartige Herausforderungen gerne an, falls die Besitzer bereit sind, mir ihren Hund fünf Minuten zur Verfügung zu stellen. Denn in diesen fünf Minuten werde ich feststellen, wer für dieses Versagen verantwortlich ist, und wenn es meines Erachtens zu keinem gedeihlichen Verhältnis zwischen Herrn und Hund kommen kann, gebe ich dies auch freimütig zu. Denn in der Tat besteht in vielen derartigen Fällen keine Chance auf Besserung. Es gibt viele Gründe dafür; einer der häufigsten ist eine gewisse Angst vor dem Hund, die Angst, der Hund könne raufen oder beißen oder beides. Solange der Besitzer seine Furcht nicht überwinden kann, besteht auch für den Hund kaum eine Chance.

In diesem Kapitel werde ich auf alle diese Probleme in zusammengefaßter Form eingehen. Sie stammen aus Tausenden von Briefen, die ich je nach Eigenart von Hund oder Besitzer karteimäßig erfaßt habe. Bei den Schwierigkeiten gibt es zahlreiche Variationen und Abarten, aber was auch immer die Leute denken mögen, dasselbe Training schafft bei allen Arten von Schwierigkeiten Abhilfe. Naturgemäß liegen die Probleme von Fall zu Fall etwas anders und erfordern infolgedessen eine leicht unterschiedliche Behandlung, aber das Prinzip bleibt immer das gleiche.

Schwierige Besitzer

Bevor wir mit der Behandlung «schwieriger Hunde» fortfahren, wollen wir uns einen Augenblick mit den Besitzern dieser Tiere beschäftigen und sehen, ob wir das Problem durch Umerziehung eben dieser Besitzer anpacken können. Ohne eine Sekunde zu zögern möchte ich sagen: «Ja, das können wir.» Wenn die Besitzer wirklich Interesse haben und ihre Hunde lieben, so daß sie Ausbildungsbücher lesen oder Trainingslehrgänge besuchen oder auch nur in Briefwechsel mit mir treten, lohnt sich die Zeit, die man auf sie verwendet.

Die meisten, die mich um Rat und Hilfe bitten, sind Frauen. Frauen verstehen es offenbar nicht nur, beim Kegeln eine gute Kugel zu schieben, sondern gehen auch mit der Hundeleine vernünftig um.

Ältere Kinder haben nach meiner Erfahrung meist eine gute Hand mit Hunden, doch steht ihnen wegen der Schule meistens nicht genügend Zeit zur Verfügung, daß man ihnen die gesamte Erziehung des Hundes anvertrauen könnte, deshalb bleibt alles an der Mutter hängen.

Die schlechtesten Hundeerzieher sind zweifellos Mütter mit kleinen Kindern; sie haben einfach weder die Zeit noch die Energie, um sich mit einem Tier zu befassen. Die Folge ist, daß der Hund zur Last wird. Man sieht in ihm nur ein Spielzeug für die Kinder, und nur selten haben die Kinder gelernt, daß auch der Hund gelegentlich seine Ruhe braucht. Ich bin immer wieder erstaunt, welche Geduld viele Hunde gegenüber Kindern an den Tag legen. Sie lassen sich in Kleidungsstücke stecken und in einen Wagen setzen, sie lassen sich mit rührender Geduld an den Ohren ziehen und viel zu fest umarmen, und sie lassen sich aufwecken, wenn sie eigentlich nach Art wohlerzogener Hunde still auf ihrem Plätzchen schlafen wollen. Aber ich kann mich nicht der Auffassung von Leuten anschließen, die junge Hunde für ihre kleinen Kinder kaufen, die Hunde völlig den Kindern überlassen und dann empört sind, wenn der junge Hund die Kinder beißt oder ihre Sachen zerreißt. Wenige Kinder würden das aushalten, was viele junge Hunde zu ertragen haben, und wenn der Welpe heranwächst und nicht länger die Zielscheibe für Klein-Willys Einfälle sein will und plötzlich beißt, dann trägt die Schuld immer der Hund, nie das Kind. Ich kann ehrlich behaupten, daß ich meine Hunde, solange meine Kinder klein waren, nie unbeaufsichtigt mit den Kindern habe spielen lassen, denn ein Kind kann, ohne es zu wollen, dem Hund wehtun oder ihn ärgern. Den Kindern wurde von Anfang an beigebracht, «keine schlafenden Hunde zu wecken» und nie auf einen Hund zuzugehen, der nicht freudig mit dem Schwanz wedelt. Die meisten Hunde scheinen sich mit der rauhen Behandlung durch Kinder ebenso abzufinden wie mit den zarten Bissen von ihren eigenen Welpen. Aber wie soll ein Hund ohne Knurren anzeigen, daß er jetzt genug hat? Deshalb finde ich, daß man Kinder, die noch kein Verantwortungsgefühl besitzen, nur unter Aufsicht mit Hunden spielen lassen sollte. Wenn der Hund erst einmal gelernt hat, daß er sich der aufdringlichen Kinder nur durch Knurren erwehren kann, ist es nur ein kurzer Schritt zum Beißen und ein ebenso kurzer Schritt, ein sogenannter schwieriger Hund zu werden, der womöglich seinen letzten Gang zum Tierarzt antritt.

Kinder müssen dazu erzogen werden, gute und rücksichtsvolle Freunde für ihre Hunde zu werden; dies sollte der Ausgangspunkt sein, denn der Mensch ist gegenüber dem Hund in einer viel besseren Lage, da er dessen ganzes Schicksal bestimmt. Ich habe schon mit eigenen Augen gesehen, wie Knaben und Mädchen ihre Hunde auf Kühe gehetzt haben. Wie soll der Hund dann wissen, daß die Jagd nach Katzen und Hühnern, von Schafen ganz zu schweigen, ein Verbrechen ist? Kinder lernen rasch, ihrem Hund einen hohen Grad an Folgsamkeit beizubringen, und es macht ihnen großen Spaß. Wenn sie auf ihren Hund stolz sind, werden sie ihm keine Unarten beibringen. Es ist Sache der Eltern, dafür zu sorgen, daß dieses Interesse gepflegt wird.

Aber in dieser Abhandlung wollen wir auf Kinder nicht weiter eingehen, da sie als Ausbilder für schwierige Hunde nicht in Frage kommen.

Aber wie viele Erwachsene sind gute Trainer? Ich muß leider bekennen, daß man gute Ausbilder mit der Lupe suchen muß. Der Hauptgrund liegt darin, daß viele keine ausgeprägten Persönlichkeiten sind. Jeden Tag muß ich mich darüber wundern, wieviel Ärger und Unbequemlichkeiten manche Besitzer wegen ihrer Hunde ertragen. Und hierbei denke ich nicht daran, daß die Ferien in Mitleidenschaft gezogen werden, weil der Hund nicht mitgenommen werden kann, oder an die Arbeit, die zur Beseitigung von Fußstapfen auf glatten Böden geleistet werden muß. Ich denke vielmehr an echte Probleme – wenn zum Beispiel das neue Linoleum zerfetzt ist oder der Bäcker nicht mehr mit den Brötchen kommt, weil der Hund ihn beißt, oder daß man sich nachts im Bett nicht mehr umzudrehen wagt, weil der Hund beißt, wenn er aus seiner Lage in der Mitte des Bettes aufgescheucht wird; auch gibt es Fälle, wo man keinen Pullover mehr zu stricken wagt, weil der Hund eine starke Abneigung gegen ein strickendes Frauchen hat und beißt, sobald man das Strickzeug in die Hand nimmt! Manche Leute müssen zusehen, wie ihr Hund etwas zerreißt, nur weil er das Stück nicht losläßt. Oder sie müssen wie angewurzelt in der Garage stehen bleiben, weil ihr Wachhund mißverstanden hat, wen er bewachen soll! Diese und zahllose andere Fehlleistungen werden von unzähligen Besitzern nur aus dem einzigen Grunde ertragen, weil sie ihre Hunde lieben. Ich bin oft beschämt, wenn ich diese Briefe lese, denn ich weiß nicht, ob ich diese Fehler ebenso leicht erdulden würde.

Auf der anderen Seite ärgere ich mich aber über Menschen, die mich überreden wollen, ihnen ihre Hunde abzunehmen und sie selbst auszubilden; ich pflege diesen Leuten zu sagen, daß es mich wahrscheinlich nur einen halben Tag kosten würde, ihrem Hund ein hohes Maß an Gehorsam beizubringen, daß der Hund aber bei der Rückkehr genauso unleidlich wie früher sein würde, denn sie selbst hätten sich ja nicht geändert, und es komme vor allem auf ihre Stimme und die Art der Behandlung an. Ich erkläre ihnen, daß ich Hunde besonders liebe, daß ich keine Hemmungen habe, wenn ich mit ihnen arbeite. Ich flüstere ihnen törichte Liebesworte ins Ohr, ich habe sie so gern, daß ich sie am liebsten dauernd streicheln möchte, und das Ausbildungsproblem taucht höchstens ein paar Augenblicke auf, wenn wir untereinander zu dem Schluß kommen, wer hier der Herr ist – und das bin immer ich. Danach kommt es höchstens noch darauf an, dem Hund zu zeigen, was von ihm erwartet wird. Er wird den Herrn lieben und ihm sofort gehorchen. Wenn aber der Besitzer zusammen mit seinem Hund zu mir kommen möchte und die ehrliche Absicht hat, den Hund auszubilden, und dabei alles nachmacht, was ich tue, wie töricht es ihm auch scheinen mag, dann besteht eine gute Aussicht, daß diese Menschen in kurzer Zeit einen guten Hund ihr eigen nennen können.

Vor einigen Jahren habe ich ein Experiment ausprobiert. Ich suchte durch die Presse fünfundzwanzig der mißratensten Hunde in England, damit diese an dem ersten in England stattfindenden Lehrgang für Hunde und deren Besitzer teilnehmen sollten. Ich wollte mich selbst in der Auffassung bestätigen, daß sich Hunde in wenigen Stunden zu einem hohen Grad des Gehorsams erziehen lassen. Die Hunde erschienen mit ihren Besitzern; nicht alle waren völlig mißraten, aber die Mehrheit bestand aus Raufern, Beißern, Hunden, die nicht kamen, wenn man sie rief, und so weiter. Die Besitzer sprachen nicht im richtigen Tonfall mit ihren Hunden, sie waren innerlich unausgeglichen. Viele fanden die Arbeit mit den Hunden viel zu anstrengend; alle gaben zu, daß sie keine Ahnung hätten, was ihr Hund eigentlich zu lernen habe. Nach drei Tagen, als es keinen weiteren Lehrstoff mehr gab, legten Hunde und Besitzer eine strenge Prüfung ab. Es gab nur einen einzigen Versager, einen Schäferhund, der ohne seine Herrin hervorragende Leistungen zeigte, der aber jeden anfiel, der sich seiner Herrin zu nähern versuchte. Dieser Beschützerinstinkt kann bei Hunden gefährlich sein, und mit der normalen Ausbildung ist ihm nicht beizukommen, falls nicht der Besitzer selbst diese Unart abstellen will und zornig reagiert, wenn der Hund angreift. Die meisten Besitzer solcher Hunde wiegen sich in dem beruhigenden Bewußtsein, wohl behütet zu sein. Sobald sich aber dieser Instinkt so weit entwickelt hat, kann der Hund meiner Ansicht nach nicht mehr als verläßlich gelten und wird damit zur Gefahr. Fern von seiner Besitzerin erwarb der Schäferhund einen hohen Ausbildungsgrad und war lammfromm.

Ich verwende viele Stunden darauf, den Hundebesitzern die Bedeutung des Tonfalls ihrer Stimme klarzumachen; wir ließen bei einem Lehrgang einmal einen Film herstellen, aus dem klar und deutlich die Reaktion der Hunde auf die Stimme ihres Herrn und dann auf meine Stimme hervorgeht. Einige der Hunde kamen unweigerlich zu mir und nicht zu ihren Herren, aber es war faszinierend zu beobachten, wie viel die Besitzer allmählich hinzulernten; sie begriffen, daß sie den Hund überschwenglich loben mußten, wenn er gehorchte, und daß sie den richtigen, festen Ton beim Erteilen von Befehlen anzuwenden hatten. Allmählich gewöhnten sie sich an die Tatsache, daß es nicht grausam ist, einem Hund am Gleithalsband einen kräftigen Ruck zu geben. Hunde, die vorher einen deprimierten Eindruck gemacht hatten, lebten richtig wieder auf, als ich ihnen das Gleithalsband umlegte und fest daran zog, denn ich wußte ja, daß ich ihnen nicht wehtun konnte. Dies habe ich an meinem eigenen Handgelenk demonstriert. Da wir gerade von Gleithalsbändern sprechen: viel zu viele Menschen verwenden den falschen Typ. Sie kaufen sich die dünne Art in der irrigen Annahme, daß diese den Hunden nicht so unangenehm sei wie die dicken. Ich verwende nie diese dünnen Ketten, da sie den Hund verletzen können.

Was soll ich tun, wenn der Besitzer nicht den richtigen Ton anschlagen kann? Dies ist eines meiner größten Probleme. Viele Frauen besitzen einfach nicht die nötige Stimmbreite. Wenn sie in den richtigen Ton verfallen wollen, bringen sie oft nur ein Krächzen heraus. Dadurch wird die Hundeausbildung für diese Menschen besonders schwierig. Zum Schluß können sie sich nur noch auf Sichtzeichen verlassen. Der Tonfall, gekoppelt mit dem Aussenden des richtigen telepathischen Gedankens, ist außerordentlich wichtig. Es ist erstaunlich, wie Hunde in Ihren Gedanken lesen können, bevor Sie auch nur ein Wort gesagt haben. Es hat keinen Sinn, Befehle zu geben, ohne gleichzeitig den Gehorsam rein willensmäßig erzwingen zu wollen.

Viele Frauen halten diese Art von Training für roh und können sich nicht dazu überwinden, ihrem Hund einen Ruck zu geben oder ihn energisch abzulegen. Falls sie diese sentimentale Hürde nicht überwinden können, wird ihnen kein Erfolg beschieden sein. Wenn man die korrekte Ausführung dieser Methoden gelernt hat, ist es wie beim Jiu-Jitsu und fügt dem Hund keinen Schaden zu. Andererseits wird der Hund durch zu zaghaftes Vorgehen irritiert, was oft zum Beißen führt. Der beste Hundeführer ist der rasch entschlossene Typ, der alles am liebsten an einem einzigen Tage lernen möchte. Die Meinung vieler Menschen, man müsse sich bei der Hundeerziehung Zeit lassen, halte ich für Unsinn. Das Gehirn eines Hundes funktioniert oft schneller als das des Menschen. Im allgemeinen lernt der Besitzer langsamer als der Hund.

Oft muß ich Hunde ausbilden, die dann ihrerseits den Besitzer erziehen. Ich habe oft gesehen, wie ein Hund auf meinen Befehl hin «Sitz» oder «Platz» macht, während der Besitzer geistesabwesend weitergeht und erst durch den Hund zum Stehenbleiben veranlaßt wird.

Die Frage nach dem Alter des Hundes taucht immer wieder auf. Gibt es Grenzen, bis zu welchem Alter man einen Hund noch ausbilden kann? Meine Antwort hierauf lautet: zwischen drei Monaten und acht Jahren spielt das Alter keine Rolle, solange der Hund gesund ist. Danach sollte der Hund meines Erachtens nicht mehr einer Ausbildung unterworfen werden; ist er noch zu jung, ermüdet er zu rasch. Das Lebensalter des Besitzers dagegen spielt eine viel größere Rolle. Bei meinen Lehrgängen ist die Ausbildungsarbeit fast eine gymnastische Übung. Die Besitzerin muß sich rasch niederbücken, um den Hund viele Male in der Stunde zum Sitzen zu bringen. Das Tempo bei der Arbeit ist wesentlich, wenn der Hund Spaß an seiner Leistung haben soll. «Lahme Enten» sind schlechte Hundeführer. Wenn Sie wollen, daß Ihr Hund ordentlich bei Fuß geht, warten Sie nicht lange; marschieren Sie los, und wenn der Hund nicht Schritt hält, geben Sie ihm mehrfach einen schnellen Ruck, reden Sie ihn in lebhaftem Tone an und sparen Sie nicht mit Lob. Je langsamer Sie gehen, desto langsamer geht auch der Hund und desto langweiliger ist es für Sie beide. Laufen und plötzliches Stehenbleiben lehrt den Hund, sich blitzartig hinzusetzen, was geradezu ein lustiges Spiel werden kann. Zwei-Zentner-Menschen haben hier keinen Platz. Die Hundeerziehung wirkt belebend, wenn sie im richtigen Geist mit anderen zusammen in einem Lehrgang durchgeführt wird. Und sie kann zu Hause viel Spaß machen, wenn man das Gefühl hat, Fortschritte zu erzielen. Wenn Sie sich in einer gereizten Stimmung befinden oder Sorgen haben, verzichten Sie auf das Training. Nehmen Sie es wieder auf, wenn Sie selbst und Ihr Hund glücklich und zufrieden sind; streben Sie nach schnellem Erfolg; loben Sie ihn auf der Stelle, und dann lassen Sie ihn eine Weile in Ruhe. Nörgeln Sie nie herum. Was nicht in zehn Minuten erreicht wird, werden Sie selten in zehn Stunden schaffen, weil der Hund sich einfach zu sehr langweilt.

Manche Besitzer suchen sich große Hunde aus und haben nicht die Körperkräfte, um diese Tiere unter Kontrolle zu halten. Falls man diese Rassen nicht als Junghunde ausbildet, können viele Frauen mit ihnen nichts mehr anfangen. In diese Kategorie fallen zum Beispiel Pyrenäenhunde und Boxer, denn sie entwickeln im erwachsenen Zustand enorme Kräfte und eine beachtliche Willensstärke. Alle Hunde werden am besten in jungen Jahren ausgebildet, aber bei den meisten Hunden geht es auch später.

Vorausgesetzt, er erhält den richtigen Besitzer, gibt es kaum einen Hund, der nicht zu einem vernünftigen Hausgenossen erzogen werden könnte. Aber leider gibt es in dieser Hinsicht viele Versager. Bei einigen, glaube ich, ist es reine Zeitverschwendung, ihnen etwas beibringen zu wollen.

Nervöse und neurotische Hunde

Hysterische Hunde, bissige Hunde, Hunde, die jaulen, wenn sie allein gelassen werden, Hunde, die in Autos bellen oder winseln, Hunde, die offenbar völlig von Sinnen geraten, wenn sie einen anderen Hund sehen, und Hunde, die alles im Haus in Stücke reißen – sie alle fallen unter diese Überschrift.

Die Hundebesitzer müssen selbst entscheiden, zu welcher Untergruppe ihr Hund jeweils gehört.

Hysterische Hunde können die Folge von Inzucht oder davon sein, daß Hunde mit schlechter Veranlagung zur Zucht verwendet worden sind. Wenn der kleine Welpe zum erstenmal ins Haus seines neuen Herrn kommt, ist er wahrscheinlich ein winziges Etwas, dem seine neue Herrin ihre ganze mütterliche Liebe entgegenbringt; das kleine Hundchen wird überallhin mitgenommen, oder jemand bleibt zu Hause bei ihm, damit es sich nicht einsam fühlt. Höchstwahrscheinlich gestattet man ihm den Luxus, unter der Daunendecke seines Frauchens zu schlafen, denn es ist ja so klein und hilflos, und sein Winseln erregt so viel Mitleid. Wenn es ein kleiner Hund ist, nimmt man Rücksicht auf seine Angst vor dem Straßenverkehr und trägt ihn auf dem Arm; wenn er sich weigert, inmitten großer Füße herumzulaufen, wird er von seinem Frauchen bedauert; man redet ihm gut zu und versucht, ihm die ersten Schritte in der beängstigenden Menschenwelt zu erleichtern. Der Erfolg ist, daß der Welpe kein Selbstvertrauen bekommt; er wird von seinem Besitzer nur über die Anfangsschwierigkeiten hinweggetröstet.

Sollte aber jemand versuchen, dem Hund das Gefühl der Sicherheit durch einen kräftigen Ruck an der Leine und durch gleichzeitige, in fröhlichem Ton gesprochene Worte zu vermitteln, ohne dabei Rücksicht darauf zu nehmen, daß er sich hinsetzt und weigert, mitzukommen, bekommt man es mit dem übersentimentalen und falsch orientierten sogenannten Hundeliebhaber zu tun, der einem lauthals Tierquälerei vorwirft. Wenige Hundebesitzer können sich in der Öffentlichkeit zur Wehr setzen, deshalb ignoriert man am besten derartige Anwürfe und schreitet auf dem einmal eingeschlagenen Wege fort, denn der kleine Hund entwickelt nur dann ein festes Selbstvertrauen, wenn man von Anfang an auf seine Ängste nicht eingeht. Gehen Sie mit Entschiedenheit weiter, sprechen Sie vergnügt mit dem Welpen oder nervösen Hund, geben Sie ihm einen kurzen Ruck an der Leine, wenn er nicht mitkommen will, und schon bald haben Sie mit ihm die erste Hürde genommen: die Angst.

Ich helfe vielen Hunden, die sich aus reiner Nervosität auf Hundeausstellungen nicht präsentieren wollen; Hunden, die sich nicht von Männern führen lassen wollen; Hunden, die sich vor lauten Geräuschen und Radau fürchten. Diese Hunde sind leicht zu korrigieren. In den meisten Fällen genügen ein Gleithalsband, eine lange Leine und ein scharfer Ruck, wenn sich der Hund aus Angst hinsetzt. Wenn man ihm außerdem noch mit vertrauenerweckender, fröhlicher Stimme zuspricht und ihm viel Liebe beweist, sind seine Ängste bald beseitigt. Hunde, die auf Ausstellungen gezeigt werden, haben wahrscheinlich nie ein Gleithalsband getragen, damit ihr Fell am Genick keinen Schaden leidet; außerdem sind diese Hunde von ihrem Besitzer meistens nicht zum Gehorsam erzogen worden, da sie sich in der Ausstellung womöglich hinsetzen, statt stehen zu bleiben. Dabei hat der Besitzer vergessen, daß es ebenso leicht ist, einem Hund das Stehen wie das Sitzen beizubringen, und daß beides zum Gehorsamstraining gehört. Eine gewisse Ausbildung sollte allen Hunden zuteil werden, ob sie nun auf Ausstellungen vorgeführt werden oder lediglich Hausgenossen bleiben.

Warum sollten sich Hunde mehr vor Männern als vor Frauen fürchten? Vielleicht sind sie zu irgendeiner Zeit von einem Mann schlecht behandelt worden? Meines Erachtens handelt es sich häufiger um eine List des Hundes, von seinem Frauchen mehr Aufmerksamkeit zu erlangen. Im Unterbewußtsein kann sie vielleicht auch das andere Geschlecht nicht leiden und findet in dieser gemeinsamen Ablehnung einen gewissen Trost, obwohl sie dies nie zugeben würde; aber Hunde spüren die Gedankengänge des Menschen ganz deutlich. Ich habe diese Art von Gedankenübertragung durch meinen laufenden Kontakt mit Hunden kennengelernt und oft die Gedanken des jeweiligen Besitzers erkennen können, die in krassem Gegensatz zu seinen Handlungen standen. Oft war die Besitzerin verärgert, wenn ich ihr gesagt habe, was mir zur Kenntnis gekommen war, und wenn ich ihr klargemacht habe, daß sie meines Erachtens gar nicht will, daß ihr Hund Zutrauen zu Männern gewinnt. Wie ist dieses Problem zu lösen? Man muß den Hund einfach mitnehmen und Männer zu ihm sprechen lassen. Lassen Sie sich nicht aus der Ruhe bringen, wenn er sich verkriechen will. Es ist ganz klar, daß Sie dem Hund damit etwas zumuten. Wenn man von Hunden absieht, die auf Ausstellungen vorgeführt werden sollen, besteht meines Erachtens kein Grund dafür, einem Hund beibringen zu wollen, jemanden zu lieben, den er nicht leiden kann; wenn es aber der Wunsch der Besitzerin ist – meinetwegen.

Streicheln Sie Ihren Hund zunächst besonders herzlich, halten Sie ihn fest am Halsband, geben Sie ihm den Befehl «Sprich» und bitten Sie dann den Mann, ihn zu liebkosen und an der Brust zu kraulen. Geben Sie dem Mann dann die Leine und lassen Sie ihn den Hund eine kurze Strecke herumführen; will der Hund nicht mitkommen, erhält er einen Ruck am Halsband; bei der Rückkehr wird er überschwenglich gelobt.

Ich halte es für ziemlich grausam, einen Hund zu zwingen, freundlich gegenüber jemand zu sein, den er nicht leiden kann; aber alle Hunde sollten lernen, sich nach dem Kommando «Steh» anfassen zu lassen, denn vielleicht muß der Tierarzt den Hund untersuchen. Je eher er dies lernt, desto besser. Aber ich verstehe nicht recht, warum sich Leute darüber beklagen, daß sich ihr Hund nicht mit Fremden anfreunden will. Warum soll er denn freundschaftlich zu Fremden sein? Es genügt doch, daß er sich wohlerzogen benimmt. Bei Ausstellungen macht es jedoch auf den Richter immer einen guten Eindruck, wenn sich der Hund freundlich und entgegenkommend zeigt; Richter haben keine Lust, sich von nervösen Hunden beißen zu lassen. Ein schlechtes Temperament sollte Strafpunkte erhalten, damit die Besitzer den Hund nicht zur Zucht freigeben und diese Anlagen weitervererben lassen. Wie viele Pluspunkte der Hund auch wegen seiner Schönheit bekommen mag, er wird nie zu einem erstklassigen Tier.

Besonders traurige Briefe erhalte ich von Ehefrauen, deren Hunde mit den Ehemännern nicht auskommen können; manche dieser Hunde gehen sogar so weit, den Mann ohne ersichtlichen Grund zu beißen. Der Grund ist meines Erachtens Eifersucht. Was soll ich mit diesen Hunden machen? Ich zeige dem Hund und dem Ehemann, daß sie sich gegenseitig respektieren sollen. Ich erziehe den Hund dazu, sofort in seinen Korb zu gehen, wenn der Ehemann in der Nähe ist. Ich würde dem Hund nie gestatten, vor dem Kamin zu liegen und den Mann zu beißen, wenn er die Füße bewegt, was häufig Gegenstand der Klage ist. Ich würde dem Ehemann raten, den Hund selbst zu füttern, denn die meisten Tiere lassen sich auf dem Umweg über den Magen gewinnen. Und schließlich würde ich dem Mann raten, über den Mangel an Zuneigung hinwegzusehen und nicht zu versuchen, sich dem Hund aufzudrängen, wie sehr es auch seinen Stolz verletzen mag, ungeliebt zu sein. Wenn man einen Hund ignoriert, macht er oft die ersten Avancen.

Ich möchte noch einmal betonen, daß man die Zuneigung eines Tieres nicht erzwingen kann, sie muß von selbst entstehen. Viele Hunde sind «Ein-Mann-Hunde» und fühlen sich zu keinem anderen Menschen hingezogen.

Sollte der Hund in seiner Abneigung jedoch so weit gehen, daß er den Mann oder die Kinder ernsthaft beißt, dann, glaube ich, sollte dieser Hund eingeschläfert werden. Man sollte nie die Sicherheit eines Kindes einem Hund zuliebe aufs Spiel setzen; und wenn man den Hund auch abgesondert halten könnte, so ist dies kein Leben – weder für den Hund noch für den Besitzer.

Das beste Mittel, einem Hund das Beißen abzugewöhnen, ist folgendes: Man befestige eine lange Schnur an seinem Gleithalsband. Wenn er zu beißen versucht, sollte die angegriffene Person den Hund an dem Halsband ein paar Sekunden mit den Vorderbeinen in die Luft ziehen, wobei die Hinterhand auf dem Boden bleibt; gleichzeitig sollte man dann in donnerndem Ton dem Hund klarmachen, daß sein Verhalten unentschuldbar ist und unter gar keinen Umständen geduldet werden kann.

Der Hund wird, dergestalt am Gleithalsband hängend, schnell merken, wer hier der Herr ist. Aber wie viele Kinder oder auch Ehemänner trauen sich zu, diese unangenehme Behandlung durchzuführen? Sehr wenige. Warum sollte man also einen solchen Hund überhaupt behalten? Ich habe noch nie die Menschen verstanden, die mich anrufen und fragen, was sie mit einem Hund tun sollen, der schon mehr als einmal ihr Kind gebissen hat. Meine Antwort lautet immer: Da der Hund offenbar die Instinkte eines wilden Tieres hat, warum gehen Sie das Risiko ein, daß Ihre Familie zu Schaden kommt? Der Besitzer hat offenbar nicht verstanden, den Hund zu erziehen, sonst wäre es nie zu diesen Ausbrüchen gekommen. Denn Hunde beißen nur dann, wenn sie den Menschen verabscheuen – eine Folge davon, daß man ihnen nichts Interessantes oder Nützliches beigebracht hat.

Die Langeweile ist ein weiteres Problem, mit dem ich mich bei Hunden auseinandersetzen muß. Abgesehen von den täglichen Spaziergängen, die oft nur zum Einkaufen führen und nicht in die Wälder oder die freie Natur, erleben die Hunde heutzutage oft nur wenig Interessantes. Auch im Wald und auf den Feldern gibt es heute nur noch wenig aufregende Gerüche oder etwas, hinter dem der Hund herjagen kann. Infolgedessen werden Hunde wie beispielsweise Corgis und Spaniels, die eigentlich Gebrauchshunde sind, oft neurotisch, und da sie nichts zum Jagen haben, beißen sie ihren Besitzer. Wenn man diesen Hunden eine gewisse Ausbildungszeit einräumt oder ihnen nur im Haushalt ein paar Tricks beibringt, ändert sich ihr Charakter. Leider haben die Hundehalter für ihre Tiere nur wenig Zeit übrig. Sie hoffen, daß sich der Hund auch ohne Ausbildung in das Familienleben einfügt. Sie sind verärgert oder enttäuscht, wenn dies nicht der Fall ist. Die Folge davon ist, daß der Hund neurotisch und manchmal bösartig wird.

Man sollte jedem Hund, ebenso wie jedem Kind, täglich bestimmte Aufgaben zuweisen, und wenn es sich dabei nur um zehn Minuten handelt. Wenn der Hund auch noch nach seiner Ausbildung bösartig bleibt, liegt irgendeine Abnormität vor, und abnorme Hunde sollte man nicht behalten. Dies soll jedoch nicht heißen, daß man ihn dann an irgendeine «tierliebende Familie auf dem Lande» abgeben sollte, wo er mit Sicherheit arglose Menschen beißt. Ich finde, die Besitzer sollten sich in einem solchen Falle ihrer Verantwortung bewußt sein und den Hund einschläfern lassen.

Schüsse und laute Geräusche, die den Hund in Angst und Schrekken versetzen, sind immer wieder eine Quelle des Ärgernisses für Hundehalter. Ein Feuerwerk kann für Mensch und Hund eine

Schreckensnacht bedeuten. Das gleiche gilt beispielsweise für Spaziergänge in der Stadt oder auf dem Land, wo sich der Hund bei der plötzlichen Fehlzündung eines vorbeifahrenden Autos losreißt und verschwindet – manchmal für Stunden, manchmal für immer.

Kann man dem Besitzer hieraus einen Vorwurf machen? Ja, denn wenn er seinen Hund im Laufe des Tages an knallartige, laute Geräusche gewöhnt hätte, würde der Hund jede Art von Lärm ignorieren, sich vielleicht sogar darüber freuen. Juno, meine frühere Dogge, wurde, als ich sie kaufte, bei jedem Knall von panischem Entsetzen gepackt, aber ich habe sie schnell daran gewöhnt. Ich hatte eine Spielzeugpistole mit Zündplättchen, die ich abfeuerte, worauf ich ausgelassen mit dem Hund herumtollte. Schon bald brachte die Dogge das Spiel mit dem Knall in Verbindung, gewöhnte sich daran und fand das Ganze sehr lustig. Wenn später jemand einen Schuß abfeuerte, war sie gespannteste Aufmerksamkeit und sehnte sich offenbar danach, wieder herumtollen zu dürfen. Ich ließ ferner ab und zu unerwartet schwere Bücher fallen, lobte dann den Hund und lachte mit ihm. Hunde lieben Lachen und Lächeln ebenso wie Kinder. Ich klatschte immer in die Hände, wenn sie etwas richtig gemacht hatte, und bald brachte sie das Händeklatschen mit meinem fröhlichen Tonfall und lächelnden Gesicht in Verbindung. Wenn Sie gelegentlich Radau machen und ungewohnte Geräusche verursachen, verliert der Hund bald seine Furcht.

Am schwierigsten ist der Unart mancher Hunde beizukommen, die nicht allein gelassen werden wollen. Es dauert meistens ziemlich lange, dem Hund diese Unart abzugewöhnen, denn zunächst muß man dem Besitzer seinen Mangel an Festigkeit abgewöhnen. Diese Festigkeit ist immer wichtig. Der Hund muß lernen, sich hinzulegen und liegen zu bleiben. Wenn er aufsteht, muß der Besitzer zu ihm zurückkommen und ihn in ungehaltenem Tonfall wieder ablegen. Dabei darf es keine Kompromisse geben. Der Hund muß liegen bleiben, auch wenn er noch so heult oder winselt. Es kann nötig sein, ihm einen scharfen Ruck am Gleithalsband zu geben. Wenn er bellt, geben Sie ihm den Befehl «Ruhe» – und zeigen Sie ihm, daß es

Ihnen ernst damit ist. Auch hier kommt es vor allem auf den Tonfall an. Versuchen Sie nicht, den Hund mit schönen Worten zum Liegenbleiben zu überreden, denn damit kommen Sie nicht weiter. Wenn er aber liegen bleibt, und sei es auch nur ein paar Minuten, dann müssen Sie ihn überschwenglich loben.

Vergessen Sie nicht, daß liegende Hunde nicht lange bellen können; sie werden bald müde. Wenn der Hund durch sein Gebell Anlaß zu Ärger gibt, legen Sie ihn ab. Dies ist eine der wichtigsten Übungen bei der Hundeerziehung. Wenn nötig, setzen Sie sich in einen Sessel und lassen Sie den Hund an der Leine neben Ihnen «Platz» machen. Dann ziehen Sie sich die Leine unter dem Schuh hindurch. Wenn der Hund aufstehen will, geben Sie ihm den Befehl «Platz» und ziehen Sie die Leine unter dem Schuh hindurch an. Auf diese Weise wird der Kopf des Hundes sanft auf den Boden hinuntergezogen, und er muß sich früher oder später hinlegen, wenn er sich nicht erwürgen will. Beugen Sie sich nicht zu ihm hinab; es ist besser, daß der Hund Sie mit dem Vorgang gar nicht in Verbindung bringt. Wenn er sich hinlegt, sprechen Sie ein paar freundliche Worte mit ihm, aber nicht in besonders fröhlichem Ton, sonst versucht er gleich wieder aufzustehen. Wenn die Übung vorüber ist, loben Sie ihn richtig.

Beginnen Sie bei dieser Übung mit ein paar Minuten und dehnen Sie sie dann auf eine halbe Stunde aus. Lassen Sie dem Hund dabei nichts durchgehen. Bedenken Sie, daß sich das Gleithalsband automatisch lockert, wenn der Hund gehorcht, der Hund kann sich also selbst in eine angenehmere Lage versetzen. Ich kann nicht oft genug wiederholen, daß man einen starken Willen haben muß, um einen schwierigen Hund umzuerziehen. Wenn Sie nachgeben, sind Sie schlimmer daran als am Anfang.

Lassen Sie den Hund in der «Platz»-Stellung jeden Tag etwas länger allein. Wenn er das Zutrauen gewinnt, daß Sie wieder zu ihm zurückkommen, tritt dieses Problem im Haushalt nicht mehr auf. Schlagen hat keinen Sinn, Schelte ist nur wenig besser. Es ist die ruhige Bestimmtheit, die den Sieg davonträgt; tun Sie ruhig so, als

seien Sie mit seinem Verhalten höchst unzufrieden, aber lassen Sie
nie Ihrem Ärger freien Lauf. Diese Übung stellt nicht nur den Charakter des Hundes, sondern auch den des Besitzers auf eine harte
Probe. Schwache Besitzer setzen sich nie durch. Suchen Sie deshalb
den Fehler zunächst bei sich selbst; es liegt ganz an Ihnen, ihn zu
korrigieren.

Sorgen Sie immer dafür, daß der Hund Spaß an der Übung hat.
Geben Sie ihm seine Lieblingsdecke zum Drauflegen, besonders im
Auto; wenn möglich, weisen Sie ihm einen eigenen Stuhl oder Sessel
im Wohnzimmer zu. Nur wenn alle diese Mittel versagen, müssen
strengere Maßnahmen ergriffen werden.

Jetzt wollen wir uns mit den Hunden beschäftigen, die dauernd
etwas zerreißen. Bei erwachsenen Rüden ist der Grund meines Erachtens im sexuellen Bereich zu suchen. Meine Lösung ist deshalb,
den Hund kastrieren zu lassen. Es hat keinen Sinn, ihn gelegentlich
eine Hündin decken zu lassen, das macht die Sache nur schlimmer.
Besonders bei Boxern, von denen viele diesen Zerreißtrieb haben,
findet man häufig Fälle von Monorchidie, das heißt, sie sind ein-
hodig. Diese sexuelle Anomalie erzeugt diesen Zerstörungstrieb.
Die Kastrierung ist bei diesen Hunden schwierig, und in manchen
Fällen ist eine Operation zum Auffinden der anderen, eingeklemmten
Hode angezeigt, bevor die Kastrierung vorgenommen werden kann.
Auch Dackel neigen zu dieser Anlage. Ich habe festgestellt, daß die
Kastrierung den Zerstörungsdrang ohne Ausnahme heilt. Aber es
dauert zwei oder drei Monate, bevor sich die Operation voll aus-
wirkt.

In manchen Kreisen besteht ein gewisses Vorurteil gegen die
Operation, aber diese Leute würden sich sicher eines Besseren be-
lehren lassen, wenn sie das weitere Leben derartig behandelter
Hunde verfolgen könnten. Ich habe bei einer sehr großen Anzahl
von Hunden mit bestimmten Unarten die Kastrierung empfohlen,
und in jedem einzelnen Falle waren die Besitzer mit dem Erfolg
außerordentlich zufrieden. Die Hunde sind keineswegs verdorben
oder zu dick geworden, auch haben sie nie ihre Lebhaftigkeit ver-

loren. Die Operation hilft Beißern und Raufern. Das Herumschnüffeln an Laternenpfählen hört auf, denn der Hund hockt sich zum Urinieren wieder hin, statt das Bein zu heben. Die ewige Suche nach der läufigen Hündin hört auf. Ein Pekinese hob nicht mehr das Bein an der Tapete, denn als Welpen hatte man ihm beigebracht, das Geschäft auf einer Zeitung zu erledigen! Hunde werden nur durch Überfütterung fett. Kastrierte Hunde brauchen zweifellos weniger Futter, da sie sich weniger um Hündinnen und andere Ablenkungen kümmern. Sie sind auf Spaziergängen viel angenehmere Begleiter, da sie sich weniger für Gerüche interessieren, und sie vertragen sich mit anderen Hunden im Hause wesentlich besser. Es ist ein Ammenmärchen, daß sie von anderen Hunden angegriffen werden; andere Hunde ignorieren sie. Ich kenne viele Menschen, die solche Hunde besitzen, und diese Besitzer würden Ihnen sicherlich gern ihre Hunde zeigen und Ihnen jeden Aufschluß geben.

Ich finde, viel zu viele Hunde sind sexuell überreizt und würden ein glücklicheres Leben führen, wenn man ihnen den Geschlechtstrieb nimmt, dem sie sowieso nicht frönen können. Wenn herumstreunende Köter kastriert wären, würde es nicht so viele arme, kleine Welpen geben, die schließlich bestenfalls in Tierasylen landen. Auch die Zahl der von Hunden verursachten Verkehrsunfälle würde abnehmen, denn es sind die Straßenköter und nicht die wohlerzogenen Ausstellungshunde, die die Hauptursache sind.

Einige Tierärzte wollen keine Hunde kastrieren. Sie haben meines Erachtens keine ausreichende Erfahrung mit den Ergebnissen. Bevor man einen Hund wegen Bösartigkeit einschläfern läßt, sollte man es mit der Kastrierung versuchen. In vielen Fällen ist auf diese Weise ein Hundeleben gerettet worden.

Um diesen Abschnitt über nervöse Hunde noch einmal zusammenzufassen: Ich empfehle in allen Fällen eine entsprechende Erziehung und nützliche Beschäftigung. Ich glaube, daß der Besitzer ständig ein hohes Maß an Festigkeit und Geduld an den Tag legen muß. Ich bitte alle Züchter dringend, bei der Zucht auf Hunde mit schlechten Anlagen zu verzichten.

Ungestüme Hunde

Hunde, die auch an wildfremden Menschen in einem Freudentaumel hochspringen, bereiten vielen Besitzern große Sorgen. «Wie kann ich es nur meinem Hund abgewöhnen, Fremde wie alte Freunde zu begrüßen?» steht in vielen Briefen, die ich erhalte. Dies führt zu dem viel ernsteren Problem, wie man einem Hund beibringen soll, das Heim und die Person seines Herrn zu beschützen.

Wir müssen dieses Problem in zwei Teile teilen: das Verhalten von Welpen und das von ausgewachsenen Hunden.

Bei Welpen ist mir ein überfreundlicher kleiner Kerl wesentlich lieber als einer, der sich zitternd verkriecht, wenn Fremde ins Haus kommen, denn aus diesen werden später oft die sogenannten Angstbeißer.

Niemand will, daß sein Hund durch das Hochspringen Strümpfe zerreißt und mit den Pfoten die Kleidung von Leuten beschmutzt, denen er zufällig begegnet, aber jeder Besitzer hat die Möglichkeit, seinen Hund so zu erziehen, daß er sich auf Befehl sofort hinlegt, und dies ist natürlich eine Lösungsmöglichkeit. Aber der Hund darf bei dieser Art von Erziehung nicht auf den Gedanken kommen, es sei falsch, bellend zur Tür zu laufen, wenn Fremde kommen, denn sonst wird er nie lernen, das Haus zu bewachen.

Ich glaube, man sollte folgendermaßen vorgehen: Wenn es an der Haustür klingelt, sollte der Besitzer eines Junghundes in aufgeregtem Tonfall mit dem Hund reden, zur Tür laufen und sagen: «Wer ist denn das? Hinweg mit ihm!», so daß der Hund, durch die Aufregung angesteckt, zu bellen anfängt. Kurz bevor Sie die Tür öffnen, geben Sie dann den Befehl «Bleib da». Wenn Sie den Hund entsprechend ausgebildet haben, wird er wissen, was er zu tun hat. Man befestigt am Ende der Hundeleine zweckmäßigerweise ein schweres Gewicht von der Küchenwaage und läßt dieses, bei gleichzeitigem Kommando «Bleib da», beim Gehen fallen. Der Hund gewöhnt sich rasch daran, durch Wort und Gewicht gebremst zu werden, und lernt schnell, was er tun muß, um das ersehnte Lob zu erhalten. Diese

Lektion bewährt sich jetzt, denn er wird zur Begrüßung von Fremden oder Freunden nicht weiterlaufen, sondern warten, bis er mit den Worten «Braver Hund» erlöst wird. Wenn Ihre Freunde Hundeliebhaber sind, werden sie ihn wahrscheinlich freundschaftlich streicheln, während er gehorsam stehenbleibt, und Sie geraten in den Ruf, einen ausgezeichnet erzogenen Hund zu besitzen. Bereitet Ihnen diese Übung Schwierigkeiten, so haben Sie sie nicht oft genug wiederholt. Wenn der Hund das Gewicht hinter sich herzieht, nehmen Sie ein doppelt so schweres. Setzen Sie sich bei allem, was Sie tun, bei Ihrem Hund immer durch.

Ihr Hund ist deshalb so begeistert, die ganze Welt freundlich zu begrüßen, weil Sie, sein Besitzer, für ihn nicht ein und alles sind. Sie haben ihn noch nicht ausreichend erzogen. Vielleicht gehören Sie sogar zu den Menschen, die ihre Hunde einfach in den Garten lassen, damit sie sich bewegen können, was meiner Meinung nach verderblich ist, wenn man einen wirklich treuen Wachhund erziehen will.

Ihr Hund muß, soweit dies überhaupt möglich ist, ständig bei Ihnen sein; Ihre Nähe muß für ihn unentbehrlich werden. Aus diesem Grund sind zwei Hunde, die gemeinsam in einer Familie leben, immer schwerer auszubilden. Sie hängen nicht in jeder Beziehung von ihrem Herrn ab, und es ist ihnen vielleicht sogar gleichgültig, ob der Herr kommt oder geht. Dies sind die Hunde, die meistens jeden Fremden als Freund begrüßen, denn sie fühlen sich niemand wirklich zugehörig.

Vor einiger Zeit erhielt ich einen Brief von einem Farmer, der sich darüber beklagte, daß seine vier oder fünf Schäferhunde keine Wachhunde seien, daß seine Frau sich nicht auf sie verlassen könne und daß ihnen die ganze Familie offenbar völlig gleichgültig sei. «Ich habe einen bei mir im Büro an der Leine, wenn ich dort bin.» Er wollte wissen, wie er die Hunde zu Wachhunden machen könne, so daß sie notfalls auch Eindringlinge angreifen würden. Er nahm wohl an, ich würde ihm detaillierte Anweisungen aus dem Handbuch zur Ausbildung von Polizeihunden geben, falls es solch ein Buch überhaupt gibt, aber statt dessen fragte ich ihn, welche Zuneigung er diesen Hunden gegenüber empfände, ob er sie jemals auf längere Spaziergänge mitgenommen oder mit ihnen Ball gespielt habe. Warum, fragte ich ihn, habe er den Hund im Büro angebunden? Wenn er seine Hunde wirklich lieb hätte, würden sie doch sowieso in seiner Nähe bleiben wollen und brauchten nicht an die Leine gelegt zu werden. Ich versicherte ihm, daß Wachhunde nicht eigens lernen müßten, ihren Herrn und seinen Besitz zu bewachen; liebt der Hund seinen Herrn, ist es für ihn ganz selbstverständlich, ihn auch zu beschützen.

Ich erhielt auf meinen Brief keine Antwort und vergaß den Vorgang, da ich mir dachte, es handle sich doch nur um einen der vielen undankbaren Briefschreiber; doch vier Monate später erhielt ich von ihm einen besonders reizenden Brief mit ein paar netten Fotos, auf denen zwei seiner Hunde vergnügt mit seiner Frau auf dem Rasen herumspielten, während die beiden anderen gehorsam im Hintergrund saßen. Sein Brief machte mich sehr glücklich, ging doch aus ihm hervor, daß sich die Hunde vollkommen verändert hatten. Er hatte meinen Rat befolgt und den Tieren viel liebevolle Zuneigung gezeigt; er und seine Frau hatten sie auf lange Spaziergänge mitgenommen, sie zum Gehorsam erzogen und vor allem viel mit ihnen gespielt. Sie waren nicht mehr so mißtrauisch wie früher, und er meinte, daß ein Dieb oder Einbrecher wenig Freude an seinem Vorhaben gewinnen würde. Dieser Mann hatte ursprünglich die irrige Vorstellung gehabt, daß man sich mit einem Wachhund nicht anfreunden dürfe, daß er die meiste Zeit angekettet oder sich selbst überlassen bleiben müsse, denn sonst würde er verweichlicht und käme als Wachhund nicht mehr in Frage. Dies war ein fundamentaler Irrtum. Sogar die Polizeihunde leben im Hause ihrer Führer und gehören mit zur Familie. Und sie sind meist sanftmütige Tiere und keineswegs wütende Bestien, die im Interesse der Umwelt unter Verschluß gehalten werden müssen, wenn sie sich nicht gerade auf Verbrecherjagd befinden.

Immer wieder erkundigen sich Leute bei mir, ob ich ihren Hund als Wachhund ausbilden will oder wohin sie ihn zu diesem Zweck schicken könnten. Ich versichere ihnen, daß sie die Ausbildung selbst durchführen müssen, denn sonst bewacht der Hund diejenige Person, die ihn ausgebildet hat; Hunde sind keine Maschinen, die man beliebig von einem Menschen auf den anderen umschalten kann.

Es ist viel schwieriger, einem Wachhund das einmal Gelernte wieder abzugewöhnen, als ihn auszubilden. Jeder Hundeführer wird Ihnen sagen, daß das Hauptproblem darin liegt, den Hund von einem Angriff zurückzurufen, und nicht, ihn erst dazu auszubilden.

Viele Menschen möchten wissen, welche Rasse sich für diese Aufgabe am besten eigne, und wenn ich ihnen sage, daß mein kleiner englischer Zwergterrier, der nicht einmal zehn Pfund wiegt, mir ein Gefühl völliger Sicherheit gibt, dann halten sie dies für einen Scherz. Es sind nicht immer die größten Hunde, die die besten Wächter abgeben. Bei einigen kleineren Rassen genügt schon das Gebell und Geschnappe als ausreichende Bewachung. Natürlich wird ein Eindringling vor einem großen Hund mehr erschrecken, und wenige ungebetene Gäste möchten gern einer großen Dogge gegenüberstehen, und zwar allein wegen ihrer Größe und ihres donnernden Gebells. Es gibt für Wachaufgaben keine Spezialrasse. Bei allen Rassen kommen Hunde vor, die fröhlich mit dem Einbrecher auf und davon gehen und nicht einmal einen Blick zurückwerfen würden. Hieran ist aber die Erziehung durch den Besitzer schuld. Wenn ein Hund wirklich zu einem Hausgenossen geworden ist und ein ausreichendes Gehorsamstraining erhalten hat, wird er instinktiv zum Wächter und bleibt zu Hause.

Wenn Sie Ihren Hund auf den Mann abrichten und dazu ausbilden wollen, daß er auf Befehl von seinem Opfer abläßt, müssen Sie gewisse Regeln beachten. Fertigen Sie sich zunächst einen dick gefütterten Ärmel für den rechten Arm an. Dann rufen Sie dem Hund in höchst erregtem Ton «Faß» zu und lassen ihn wild an dem gepolsterten Arm herumzerren, wodurch das Ganze für ihn zu einem herrlichen Spiel wird. Dann legen Sie den Hund ab und laufen Sie ein paar Meter von ihm fort. Wenn Sie plötzlich «Faß» rufen, weiß der Hund, was dies bedeutet, und rennt Ihnen nach; lassen Sie ihn eine Weile an dem gepolsterten Arm herumreißen, dann geben Sie ihm den Befehl «Aus» und legen ihn ab. Als nächstes brauchen Sie die Hilfe eines Freundes. Der Freund muß mit dem gepolsterten Ärmel weglaufen, und dann geben Sie dem Hund den Befehl «Faß». Er darf den Freund einholen und sich ein paarmal in dem Arm verbeißen, damit er Interesse und Spaß an der Sache gewinnt. Dann legen Sie ihn an eine lange Schnur und rufen Sie «Aus», bevor er den Freund erreicht hat. Hört der Hund nicht auf, geben Sie ihm einen gewaltigen Ruck an der Schnur und drehen ihn, wenn möglich, zu sich um; dann wiederholen Sie den Befehl «Aus», «Sitz» und wenn er gehorcht, loben Sie ihn. Diese Ausbildung darf nicht übertrieben werden, sie muß dem Hund Spaß machen, er darf aber nicht zu wild werden. Er soll nicht lernen zu beißen, sondern festzuhalten, deshalb muß man als Übung mit dem wattierten Arm immer wieder die Befehle «Faß» und anschließend «Aus» wiederholen. Nur ganz am Anfang darf man ihm erlauben, zuzubeißen und an dem Arm herumzuzerren, damit sein Interesse geweckt wird.

Als nächstes muß der Hund lernen, auf Befehl zu bellen, denn es ist vor allem das Gebell, das einen Eindringling abschreckt – nur wenige Hunde von Privatbesitzern kommen jemals in die Lage, einen Verbrecher anfallen zu müssen. Um einem Hund beizubringen, auf Kommando zu bellen, bedarf es verschiedener Dinge. Lassen Sie jemand an die Tür klopfen, worauf Sie losstürzen und selbst «bellen», und zwar in höchster Erregung. Dann nehmen Sie einen Stock und drohen Sie dem Hund; reizen Sie ihn, Sie anzubellen und das Gebell sofort einzustellen, wenn Sie den Stock wieder senken. Als nächstes richten Sie eine Spielzeugpistole auf den Hund und feuern sie ab; auch jetzt soll er bellen und später die Hand fassen, die die Spielzeugpistole hält.

Weglaufen und sich von dem Hund verfolgen lassen, ist für den Hund der allergrößte Spaß und gleichzeitig auch der wichtigste Bestandteil für seine Erziehung zum Wachhund. Wie ich schon früher in diesem Buch erwähnt habe, kann der Beschützerinstinkt bei einigen Rassen zu einer Gefahr werden, und solche Hunde sind in der Öffentlichkeit nicht ganz zuverlässig. Deshalb meine ich, daß man seinen Hund im allgemeinen nicht auf den Mann dressieren sollte; solche Hunde brauchen einen erfahrenen Führer, sonst endet man womöglich vor Gericht.

Schwierig ist es, einem Hund beizubringen, Fremden gegenüber weniger freundlich zu sein, denn die Menschen haben es im allgemeinen gern, wenn Hunde schwanzwedelnd auf sie zukommen; sie sollten den Hund eigentlich schelten, ihm vielleicht sogar einen kurzen Schlag versetzen und ihn zu seinem Besitzer zurückschicken. Aber das Publikum macht hierbei nie mit. Manche Leute werden direkt zur Gefahr: Wenn sie einen ausgebildeten Hund vor einem Laden stehen sehen, lassen sie ihn nicht in Frieden, sondern sie gestatten ihren Kindern, den Hund zu kraulen oder zu streicheln, obwohl der Hund keinerlei Interesse an ihnen bekundet und sie seinerseits keineswegs freundlich begrüßt. Und wenn man solche Leute dann bittet, den Hund in Ruhe zu lassen, werden sie ausfallend oder sagen: «Warum sollten wir einen Hund nicht streicheln, wenn wir ihn gern haben?» Meine Antwort lautet immer: «Wären Sie wirklich ein Hundeliebhaber, dann würden Sie nicht fremde Hunde mit Ihren unerwünschten Liebesbezeigungen quälen.» Ich weise solche Leute darauf hin, daß sich meine wohlerzogenen Tiere nur für einen einzigen Menschen, nämlich ihre Herrin, interessieren, und daß sie das Streicheln durch Fremde nur ohne zu beißen dulden, weil sie eben gut ausgebildete Hunde sind.

Ein nervöser Hund wird bei diesen unerwünschten Aufmerksamkeiten von seiten des Publikums sehr oft aufstehen und davonlaufen, und wenn er dabei zu Tode kommt oder einen Verkehrsunfall verursacht, wären diese Fremden daran schuld. Aber auch hier brauchen Sie die Hilfe von Freunden, wenn Sie Ihrem Hund beibringen wollen, sich Fremden gegenüber reserviert zu verhalten. Sie müssen Leute bitten, zu Ihnen auf Besuch zu kommen, und wenn der Hund voller Begeisterung auf sie zustürzt, müssen die Besucher ihn ungehalten oder mit einem raschen Klaps zu seinem Besitzer zurückschicken. Ich weiß, es ist sehr unangenehm, einem Hund so etwas antun zu müssen, aber es geschieht ja nur zu seinem Besten. Gewöhnen Sie Ihren Hund eindringlich an die beiden Befehle «Platz» und «Aus», und er wird Besuchern nicht mehr auf die Nerven gehen. Lehren Sie ihn, daß er bei dem Befehl «Sprich» auf den Fremden zugehen und sich streicheln lassen darf, und dann werden Sie einen wirklich wohlerzogenen Hund haben. Ich persönlich wünsche nicht, daß meine Hunde zu jedem x-beliebigen Menschen freundlich sind. Sie lassen höflich alle Liebesbezeigungen über sich ergehen und wedeln erst dann mit dem Schwanz, wenn ich «Sprich» sage, aber sonst verhalten sie sich reserviert, denn es sind meine Hunde, die nur mir allein gehören.

Streunende Hunde

Wie ärgerlich muß es sein, wenn man nie weiß, wo sich der Hund gerade herumtreibt! Oder einen Hund zu besitzen, der immer nur draußen herumstreunen will!

Wie kommt es dazu? Aus verschiedenen Gründen. Zunächst glauben viele Leute, es sei eine Tierquälerei, den Hund ständig im Haus bei sich zu behalten, und daß Hunde ohne völlige Freiheit nicht glücklich werden können. Es kommt daher, daß Menschen zwar Hunde, aber nicht die Zeit haben, sie auszubilden oder sich ausreichend um sie zu kümmern. Sie machen einfach die Haustür auf und lassen die Hunde hinaus; sie wissen, daß die Tiere sowieso zurückkommen werden, wenn sie müde geworden sind oder Hunger haben. Diesen Menschen fehlt es an einer gewissen Vorstellungsgabe. Es kommt ihnen gar nicht in den Sinn, was den Hunden zustoßen kann, wenn sie auf der Straße sich selbst überlassen sind. Sie denken nie daran, daß der Hund vielleicht einen Verkehrsunfall mit tödlichem Ausgang verursachen oder selbst verletzt und hilflos auf der Straße liegen könnte. Sie denken nicht an die Gefahr, daß sich ihr Hund eine Infektion zuziehen könnte. Sie erwarten von ihrem Hund lediglich, daß er nachts bellt, wenn jemand kommt, und daß er gelegentlich mit den Kindern spielt. Dabei wissen sie gar nicht, was ihnen entgeht. Sie haben keine Ahnung, welch hohes Maß an Intelligenz ein Hund entwickeln kann. Sie sollten sich nie einen Hund anschaffen; eine Katze würde besser zu ihnen passen, denn Katzen streunen gern draußen herum, und viele Katzenliebhaber sind übereinstimmend der Meinung, daß man eine Katze nicht dauernd im Haus einsperren sollte. Dennoch bin ich der Meinung, daß auch Katzen jene tiefe Zuneigung fehlt, die diese Art von Besitzer keinem Tier entgegenbringt.

Wie kann man einem Hund das Streunen abgewöhnen? Vor allem durch Erziehung. Jede Art von Arbeit weckt im Hund das Interesse an seinem Herrn. Wenn Sie den Hund zum Einkaufen mitnehmen, ihn im Auto mitfahren lassen, ihn im Hause stets um sich haben, stellt sich der Hund bei allen seinen Bedürfnissen ausschließlich auf Sie ein. Es gibt aber Rüden, die derartig stark vom sexuellen Drang besessen sind, daß sie auf fünf Kilometer eine läufige Hündin spüren; solche Hunde sind stets eine Gefahr; man sollte sie kastrieren lassen.

Der Instinkt zu streunen ist auch einer der Gründe dafür, daß Hunde beim Spaziergang auf Ruf nicht kommen. Ein großer Teil meiner Korrespondenz befaßt sich mit diesem Thema. Die Besitzer sagen oft, ihr Hund sei in Haus und Garten brav und folgsam, aber draußen, wo es viele Gerüche gibt und andere Hunde herumlaufen, werde der Hund anscheinend völlig taub. Was sollen sie tun?

Man sollte den Hund an einer langen Leine und am Gleithalsband gerade dorthin mitnehmen, wo es viele Ablenkungen gibt, ihn ablegen und sich bis an das Ende der Leine von ihm entfernen. Geben Sie ihm den Befehl «Komm», und wenn der Hund sich nach etwas anderem umschaut und nicht sofort herankommt, geben Sie ihm einen scharfen Ruck, und wenn er dann kommt, loben Sie ihn überschwenglich. Die ganze Ausbildung hängt von der Art und Weise ab, wie Sie den Ruck ausführen. Das laufende Ende des Gleithalsbands muß sich unter dem Kinn des Hundes befinden, denn auf diese Weise wirkt der Ruck auf das Genick, das mit Muskeln gepolstert ist, und verursacht dem Hund keinerlei Schmerzen; der Hund erhält aber trotzdem einen Schock, und ich kenne Pudel und andere, ähnlich nervöse Hunde, die dabei laut aufjaulen. Lassen Sie sich nicht beirren: es tut ihm nicht weh, er erfährt nur einen Schock. Der Hund wird bald begreifen, daß er, wenn er rasch kommt, gelobt und gestreichelt wird, daß er aber einen mächtigen Ruck erhält, wenn er nicht gehorcht und dann sowieso kommen muß. Meiner Meinung nach dauert es nur ein paar Minuten, dem Hund das «Kommen auf Ruf» beizubringen.

Es gibt gelegentlich besonders hartnäckige Fälle, bei denen diese Methode versagt; dann muß man sich wieder der Mithilfe eines Freundes vergewissern, der möglichst auch einen Hund bei sich haben sollte. Er sollte eine lange Lederleine in der Hand halten, und wenn Ihr Hund sich dem seinigen nähert und auf Ruf nicht zurückkommt, sollte der Freund Ihrem Hund mit der Leine einen kurzen Hieb auf die Rückseite versetzen und in donnerndem Ton rufen «Geh zurück». Der Besitzer sollte inzwischen den Hund in besonders schmeichelndem Ton rufen, und bald merkt der Hund, wo er am besten aufgehoben ist. Diese Übung wird ganz leicht bei einem Lehrgang in einem eingezäunten Platz gelehrt, denn wenn dort zwanzig oder mehr Teilnehmer versammelt sind, die alle dem Besitzer eines unfolgsamen Hundes auf diese Weise zu helfen bereit sind, findet es der Hund höchst unangenehm, von der sicheren Nähe seines Besitzers entfernt zu sein. Ich gehe nur ungern mit ungehorsamen Hunden auf diese Weise um, aber bei Hunden, die für ihren Besitzer keine Zuneigung empfinden, bleibt einem keine andere Wahl. Man sollte sich keine falschen Vorstellungen machen: Wenn der Hund auf Ruf nicht kommt, rangieren Sie in seiner Wertschätzung erst an zweiter Stelle hinter allerlei Gerüchen oder anderen Hunden. Sonst würde er hinter Ihnen herlaufen, wenn Sie den alten Trick anwenden und sich von ihm entfernen. Er würde dann glauben, Sie wollten ihn allein lassen, und es wäre ihm schrecklich, Sie nicht mehr sehen zu können, wo er Sie doch so sehr liebt. Dann könnten Sie ihm das Kommando «Sitz» geben und ihn an die Leine nehmen. Nein, wenn Ihr Hund auf Ruf nicht kommt, so heißt das, er hat keinen Respekt vor Ihnen, und ohne Respekt können Sie von Ihrem Hund keine wirkliche Liebe erwarten.

Gewaltanwendung in jeder Form wird von vielen Hundehaltern abgelehnt, und ich stimme ihnen vollkommen bei. Ich muß gelegentlich zu solchen Maßnahmen greifen, um Hunden den Gehorsam gegenüber ihrem ungeliebten Besitzer beizubringen, und auch mir gefallen diese Methoden nicht; aber es ist meine Pflicht, bei der Ausbildung solcher Hunde zu helfen, und wenn es den Hunden völlig gleichgültig wäre, ob sich ihre Besitzer ins Meer stürzen oder nicht – was kann man dann tun? Ich stelle immer wieder fest, daß diese Hunde bei mir auf Ruf sofort kommen, worüber sich ihre Besitzer natürlich ärgern, aber ich übermittle den Hunden irgendwie auf telepathischem Wege mein unbegrenztes Vertrauen und meine tiefe Zuneigung zu ihnen, wenn sie sich richtig verhalten. Zu viele Besitzer versuchen, ihre Hunde zu greifen, wenn diese herankommen. Ich rate ihnen immer, die Hand bis zur Brust zu heben und sie nicht drohend zum Greifen nach dem Hund auszustrecken. Wenn man die Hände stillhält, kommen die Hunde bis dicht an die Knie ihres Herrn und setzen sich auf Kommando hin; dann sollten die Besitzer sich niederbeugen und die Hunde loben. Ich kann den Leuten nicht oft genug sagen, daß Hunde gern geküßt werden, daß sie den Kontakt mit dem Gesicht des Menschen über alles lieben.

Sollte man einem Hund, der auf Ruf kommt, zur Belohnung einen Leckerbissen geben? Einem Junghund durchaus, und gelegentlich auch einem erwachsenen, aber nicht als Regel, sonst ist der Hund enttäuscht und läuft wieder weg, wenn Sie ihm eines Tages nichts geben.

Der angemessene, feste Tonfall beim Befehl «Komm», die liebevolle Belobigung, wenn der Hund tatsächlich kommt, und die strengeren Methoden, falls der Hund hartnäckig auf dem Ungehorsam beharrt – dies sind die einzigen Methoden, mit denen ich zahl-

losen Hunden beigebracht habe, auf Ruf sofort zu ihrem Besitzer
zurückzukehren.

«Autojäger»

Hunden, die hinter allem herjagen, was sich bewegt, muß diese
Unart unbedingt abgewöhnt werden. Das Nachjagen hinter Autos
ist ein besonders schlimmes Vergehen. Als ich kürzlich in Irland war,
fiel mir auf, daß in den ländlichen Bezirken alle Hunde hinter Autos
herrannten. Niemand schien etwas dagegen zu tun, und die Hunde
waren gewandt genug, nicht überfahren zu werden. Glücklicherweise sind andernorts Hunde, die Autos verfolgen, eher die Ausnahme als die Regel. Wenn sie aber diese gefährliche Gewohnheit
annehmen, verursachen sie zweifellos Unfälle. Wie läßt sich diese
Untugend abstellen?

Meines Erachtens ist es am besten, man bittet einen motorisierten
Freund um Hilfe. Bitten Sie ihn, Sie langsam an Ihrem Hund vorbei-
zufahren, und wenn der Hund das Auto verfolgt, werfen Sie irgendein dickes Buch so wuchtig, wie Sie können, auf den Hund und zielen
Sie gut, damit er auch getroffen wird. Der Schock versetzt ihn in
einen solchen Schrecken, daß er sofort von seiner Gewohnheit abläßt, auch wenn er vielleicht seit Jahren hinter Autos hergerannt ist.
Lehnen Sie sich nicht aus dem Auto, wenn Sie das Buch schleudern,
denn dann kann der Hund eventuell Sie persönlich mit dem Wurf-
geschoß in Verbindung bringen, wo er doch das Auto für den Schock
verantwortlich machen soll, den er bekommt.

Wenn sich ein Hund erst vor kurzem diese Autojagerei angewöhnt hat, kann man ihn auch an einer langen Schnur mit dem
Gleithalsband befestigen und ihm einen heftigen Ruck geben,
wenn er hinter dem Fahrzeug herstürmt, aber ein erfahrener Hund
weiß, wann er sich an der Schnur befindet, und wird es nicht tun.
Schafhirten behaupten immer, daß ein Schafjäger am schnellsten
dadurch geheilt wird, daß man ihn allein mit einem wütenden Wid-

der einsperrt, und Hunde, die Hühner jagen, mit einem Puter, aber ich möchte mich dafür nicht verbürgen.

Vielleicht werden die Besitzer von Hunden, die Autos jagen, den Trick mit dem Buch versuchen. Ich habe festgestellt, daß er allen anderen Heilmitteln weit überlegen ist. Das gleiche gilt für Hunde, die an Fahrrädern hochspringen. Ich habe das alte Mittel, dem Hund einen Tritt zu versetzen, stets für dumm und grausam gehalten. Der Hund lernt schon bald, dem Fuß aus dem Wege zu gehen, so wie die irischen Hunde gelernt haben, Autos aus dem Wege zu gehen. Aber ein geschickt geworfenes Buch trifft den Hund immer und erschreckt ihn, ohne ihn zu verletzen.

Ich habe vor kurzem einen Corgi, der Motorräder jagte, folgendermaßen geheilt: Ich bat einen Motorradfahrer, einen Krug mit Wasser in der Hand zu halten und ihn über dem Hund auszugießen, sobald er sich dem Motorrad näherte. Drei solche Behandlungen waren nötig, um dem Hund diese Unart abzugewöhnen; jetzt verkriecht er sich beim Herannahen eines Motorrades im Straßengraben, was ihm sicher schon mehr als einmal das Leben gerettet hat.

Das Jagen von Fahrzeugen und Vieh läßt sich durch entsprechende Ausbildung im Kommen auf Ruf beheben. Ein Hund sollte sich nie so weit von seinem Besitzer entfernen, daß er nicht zurückgerufen werden kann. Man sollte aber eigentlich keinen Hund auf der Straße ohne Leine gehen lassen, denn der Verkehr ist viel zu dicht geworden.

Man sollte keinen Hund in der Nähe von Vieh auf der Weide frei laufen lassen, es sei denn, der Besitzer ist absolut sicher, daß sein Hund bei Fuß geht. Viel zu viele Besitzer betrachten das Weideland als ihr Eigentum und gestatten ihren Hunden, sich außer Hörweite zu entfernen, bevor sie den Versuch unternehmen, das Tier zurückzurufen. Wenn man den Hund im Straßenverkehr und auf der Weide ständig an der Leine führt, gewöhnt er sich bald an das Neue, und das Jagen hört auf.

Leider ermuntern viele Leute ihre Hunde dazu, hinter irgend

etwas herzujagen, und sie erwarten von dem armen Hund, daß er lernt, was er jagen darf und was nicht. Einige Hunde treiben ihre Besitzer zur Verzweiflung, indem sie hinter jedem Vogel auf dem Rasen herjagen oder an dem Gartenzaun hin und her rennen, wenn Menschen oder Hunde oder Fahrzeuge vorbeikommen. Was kann man dagegen machen? Setzen Sie den Hund nicht dieser Versuchung aus. Viele Leute, deren Hunde sich solche Unsitten angewöhnt haben, zeigen sich lieber unwirsch, als daß sie die Ursache beseitigen. Sie verstehen es offenbar nicht, ihre Hunde vernünftig zu erziehen, und gehen deshalb den Weg des geringsten Widerstandes, indem sie den Hund dieser Versuchung erst gar nicht aussetzen. Nehmen wir zum Beispiel die Hündin, die alles im Haus zerreißt. Das beste Gegenmittel ist sicher, sie einzusperren, wenn Sie nicht zu Hause sind, und zwar in einem Hauszwinger. Dann kann sie keinen Schaden anrichten. Wenn sie nie Gelegenheit hat, etwas zu zerreißen, vergißt sie das Laster automatisch, und sie wird es auch dann nicht wieder tun, wenn sie wieder frei im Haus herumlaufen kann.

Einige Hündinnen bauen sich etwa neun Wochen nach ihrer Läufigkeit Nester und zerreißen Dinge als Folge einer Scheinträchtigkeit. Sie bilden sich ein, Junge zu bekommen, und bereiten die Lagerstatt entsprechend vor. Viele Leute erkennen dies nicht richtig und schieben diese Unarten einfach dem Mangel an Erziehung zu. Ich wünschte, daß irgendein Veterinär ein brauchbares Mittel gegen dieses seltsame Phänomen entdecken würde.

Bei einigen Hunden, die hinter allem möglichen herjagen und Sachen zerreißen, liegt meines Erachtens ein geistiger Defekt vor. Wenn Ausbildung nicht hilft und ausreichende Abwechslung keine Wirkung zeitigt, gibt es meiner Meinung nach kein Heilmittel. Ich kannte einen Foxterrier, der jeden Morgen wie wahnsinnig hinter seinem eigenen Schwanz herjagte. Nach seinem Tode wurde festgestellt, daß er einen Gehirntumor hatte. Es gibt geistige Anomalien bei Hunden ebenso wie bei Menschen. Man sollte die Ausbildung nicht aufgeben, bis sich das Vorhandensein eines solchen Defekts beim Hund eindeutig herausgestellt hat. Erst dann hat es keinen Sinn mehr, von dem Tier normale Reaktionen zu erwarten.

Ich kenne viele Leute, die ihre Hunde zur Ausbildung weggegeben oder Trainingsklubs besucht haben, ohne daß sich bei ihren Hunden eine nennenswerte Besserung eingestellt hätte. Sie erklären überall, die Erziehung zum Gehorsam sei nichts wert. Dies ist nicht der Fall. Nicht alle, die einen Trainingsklub eröffnen, besitzen wirklich die Qualifikation zur Erziehung schwieriger Hunde. Die meisten dieser Klubs werden von Hundeliebhabern mit einer gewissen Erfahrung geleitet und leisten gute Arbeit, indem sie Besitzern normaler Hunde dabei helfen, die Tiere zu erziehen. Wer erwartet, daß er seinen Hund nur irgendwohin zu schicken braucht und ihn dann als Muster der Gehorsamkeit zurückerhält, erwartet meiner bescheidenen Meinung nach zuviel, denn vor allem muß erst einmal der Besitzer ausgebildet werden. Ich kenne Leute, die ihre Hunde zur Ausbildung einem Förster übergeben. Der Hund richtet seine ganze Zuneigung auf den Förster und ist tieftraurig, wenn er zurückkommt. Hunde sollten nur von ihrem Besitzer erzogen werden. Andere können ihm dabei helfen, aber die eigentliche Arbeit muß er selbst verrichten.

Fehlgriffe

Bis jetzt haben wir dargestellt, daß praktisch jede Unart des Hundes von einem vernünftigen und kooperativen Besitzer ausgemerzt werden kann. Jetzt möchte ich die Fälle behandeln, in denen das Verhältnis Hund–Besitzer nur als Fehlgriff bezeichnet werden kann. Es gibt Hunderte derartiger Fälle, bei denen ich keine Hoffnung auf Besserung mehr habe.

Am schwierigsten ist es, den älteren Hundehaltern, ob Mann oder Frau, zu helfen, denn sie können sich aus rein körperlichen Gründen der notwendigen Erziehungsmethoden nicht mehr bedienen. Viele haben Arthritis in den Gelenken, die zu einer gewissen Schwäche in den Handgelenken führt, oder sie können sich nicht mehr bücken. Aber sie lieben ihre Hunde und sind oft die eifrigsten Schüler. Ist es fair, sie ihren ungehorsamen Hunden zu überlassen, oder gibt es hier einen Ausweg? Ja, auch ihnen kann geholfen werden. Zum Beispiel verwende ich zwei Methoden, um einem Hund das Niederlegen beizubringen. Entweder bringe ich den Hund zum «Sitz», stelle mich vor ihn, hebe ihm ein Vorderbein in die Höhe und drücke auf die gegenüberliegende Schulter, wodurch der Hund das Gleichgewicht verliert und sich ohne weiteres hinlegt. Oder ich ziehe beim Gehen am laufenden Ende des Gleithalsbandes unter dem Kinn des Hundes und ziehe ihn rasch auf den Boden. Dann noch ein schneller Druck mit der anderen Hand gegen die Flanke des Hundes, und schon legt er sich hin, und zwar wiederum ohne jegliches Sträuben. Jetzt ist es natürlich vollkommen klar, daß solche Bewegungen von älteren oder kränklichen Leuten nicht ausgeführt werden können. Und doch ist dieses «Platz» ein gutes Heilmittel für beinahe jede Unart, denn beim «Platz» haben Sie den Hund völlig unter Kontrolle. Diese Übung kann jedoch ebenso einfach dadurch bewerkstelligt werden, daß man den linken Fuß auf die Leine stellt, so daß diese unter der Fußsohle durchläuft. Dann braucht man nur noch scharf an der Leine zu ziehen, und der Kopf des Hundes wird nach unten gezogen, worauf er sich sofort hinlegt, um eine bequemere Stellung zu haben.

Um einem Hund das «Sitz» beizubringen, ist die Verwendung der linken Hand zum Hinunterdrücken des Hundes gar nicht notwendig. Man kann den Hund ebensogut links gegen eine Wand stellen, so daß er nicht ausbrechen kann; dann gibt man dem Hund bei gleichzeitigem energischem Befehl «Sitz» mit einer zusammengerollten Zeitung oder dem Ende einer anderen Leine einen Klaps auf den Rücken. Es ist das Geräusch, das den Hund zum «Sitz» veranlaßt, nicht etwa ein Schmerz durch den Schlag. Falls der Hund Anstalten macht, zu beißen, wie es bei bösartigen Hunden gelegentlich vorkommt, legen Sie ihm ein paar Minuten den Maulkorb um; der Hund wird bald merken, daß er nicht beißen kann und sich hinlegen muß, und daß er anschließend gelobt wird; er wird das Beißen aus Rache sehr schnell aufgeben. Achten Sie darauf, daß Sie die Leine, wenn der Hund neben Ihnen sitzt, immer in der rechten Hand halten und etwas über die rechte Hüfte heben, denn dadurch hilft man dem Hund, die sitzende Stellung ohne weitere Hilfe einzunehmen.

Ziehen an der Leine läßt sich nur selten durch kränkliche Besitzer abstellen, denn der Hund braucht in diesem Falle einen raschen, scharfen Ruck. Aus diesem Grunde rate ich alten Leuten nie, sich einen großen und ungebärdigen Hund anzuschaffen. Auch wenn diese Leute sich im Klub eine jüngere Person zur Anfangsausbildung nehmen, wird der Hund schon bald merken, daß sein Besitzer ein älterer Mann ist, und wird wieder mit dem Ziehen anfangen.

Man kann jedoch eines tun. Nehmen Sie die Leine in die linke Hand und drehen Sie sich beim Gehen plötzlich scharf um, indem Sie das rechte Bein vor die Nase des Hundes stellen. Der Hund kommt sofort zum Stehen, denn sonst würde er gegen Ihr rechtes Bein stoßen, und er merkt schon bald, daß es angenehmer ist, sich zurückzuhalten. Verwenden Sie immer das Kommando «Bei Fuß», wenn Sie sich drehen. Diesem ganzen System liegt eine Gedankenassoziation zugrunde sowie die Belobigung, die der Hund erhält, wenn er folgsam war.

Man kann nicht häufig genug betonen, daß sich ein Besitzer, der Angst vor seinem Hund hat, schützen muß, falls er den Hund ausbilden will. Wenn Sie wissen, daß der Hund Sie beißt, wenn Sie ihn zum Niederlegen zwingen wollen, schicken Sie natürlich Angstwellen aus, und der Hund weiß, daß Sie der Unterlegene sind, und wird erst recht beißen. Wenn Sie sich jedoch dicke Lederhandschuhe angezogen haben, kann der Hund ruhig beißen, und was noch besser ist: Sie können ihm zwei oder drei kräftige Rucks am Gleithalsband verabreichen. Leider kann niemand den Hund zwingen, vor Ihnen Respekt zu haben. Man kann dem Hund die Übung beibringen, so daß er weiß, was er zu tun hat, aber Sie selbst müssen dann das entsprechende Selbstvertrauen besitzen, denn der Hund kann Ihnen ja nichts anhaben. Dann und nur dann wird der Hund Ihnen bereitwillig gehorchen. Sobald der Hund gehorcht, legen Sie die Schutzkleidung wieder ab, denn der Hund wird Sie nicht wieder beißen. Kraulen Sie ihm dann sofort die Brust, denn kein Hund beißt, wenn ihm die Brust gekrault wird; es ist eine Bewegung, die auch das bösartigste Tier beruhigt.

Ich glaube nicht, daß ängstliche Menschen gute Hundeausbilder werden. Das gleiche gilt meines Erachtens für wehleidige Menschen, denn bei jedem schwierigen Hund kommt es früher oder später zu einer Machtprobe, bis der Hund gemerkt hat, wer der Herr ist. Wenn Sie sich davor scheuen, dem Hund einen kräftigen Ruck am Gleithalsband zu geben, ärgern Sie ihn nur, und der Erfolg ist gleich null. Bringen Sie den Hund zu einem Lehrgang, wird man Ihnen dort zweifellos helfen. Ich tue alles, um sowohl Besitzer wie Hund vor Mißverständnissen zu bewahren, aber der Besitzer muß nach dem Lehrgang die Führung des Hundes in der gleichen Weise fortsetzen. Geschieht dies nicht, wird der Hund verschlagen und benimmt sich in der Klasse wie ein Lamm, entpuppt sich aber später wieder als reißender Wolf. Ich kann mich gut an eine Dame erinnern, die gerade einen Gehorsamstest auf einer Hundeausstellung gewonnen hatte und sich in rasendem Tempo die Straße entlangziehen ließ; sie rief mir im Vorbeirennen zu: «Ein schöner Gehorsams-Champion, wie?» Ich persönlich hätte ein solches Betragen nicht geduldet, aber sie hielt es für komisch. Und das bringt mich zu einem weiteren Aspekt der Hundeerziehung. Viele Leute finden ihre unfolgsamen Hunde komisch. In diesem Falle besteht weder für sie noch ihre Hunde irgendeine Chance, denn sie lassen dem Hund alles durchgehen.

Wenn Sie nur darüber lachen, wenn der Hund Ihnen das Strickzeug zerreißt, und am nächsten Tag vor Wut zerspringen, weil es diesmal Ihr Sonntagshut ist, wie soll dann der Hund wissen, was Sie ihm erlauben und was nicht? Ich dulde keinerlei Zerstörung; wenn Sie ihn mit Ihren alten Handschuhen spielen lassen, wie soll der Hund den Unterschied erkennen, wenn er die neuen Handschuhe aufstöbert?

Besonders schwierig ist es, den Hundehaltern die nötige Portion Enthusiasmus beizubringen. Die meisten sind trocken und langweilig; sie scheinen nicht davon angetan zu sein, wenn der Hund etwas richtig macht; es scheint ihnen auch ziemlich gleichgültig zu sein, wenn der Hund einen Fehler macht, und die Folge ist weder Fisch noch Fleisch, weder Licht noch Schatten. Auch der Hund wird unaufmerksam, er führt seine Übungen mit hängendem Schwanz aus, er gähnt resigniert bei «Sitz» oder «Platz» und begnügt sich schließlich nur noch mit einer höchstens mittelmäßigen Leistung. Ich kann so etwas nicht leiden; ich tue so, als wäre ich sehr zornig, wenn der Hund nicht gehorcht, obwohl ich mich seltsamerweise über den Hund nie ernsthaft ärgere. Ich zeige überquellende Freude, wenn er das Richtige tut. Ich weiß, ich muß bei der Hundeerziehung wie ein kompletter Narr wirken, wie eine Kreuzung zwischen einer Ballettänzerin und einem Clown, denn ich bin dauernd in Bewegung. Die Hunde dürfen sich nicht eine Sekunde langweilen, wenn eine bestimmte Übung auf dem Programm steht, und nach jeder Übung tolle ich mit jedem Hund einmal schnell herum. Es täte mir leid, wenn ich eines Tages hierfür zu alt sein sollte, denn trotz der Tatsache, daß mir ein Schüler einmal sagte, meine Lehrgänge seien eher ein Zirkus als eine Hundeschule, glaube ich dennoch, daß die richtige Begeisterung wesentlich für den Erfolg bei Hunden und Besitzern ist. Nichts hasse ich mehr, als mit ansehen zu müssen, wie Hunde und Besitzer mit hängendem Kopf herumgehen und der Trainer in der Mitte steht und Befehle erteilt, die die meisten gar nicht verstehen. Ebenso bin ich dagegen, daß ein Hund, der eine Übung nicht geschafft hat, aus Zeitmangel nicht noch einmal eine Chance erhält. Deshalb sind meine Wochenendlehrgänge besser. Ich habe den ganzen Tag über Zeit, um dieses oder jenes zu korrigieren, niemand ist unwillig, wenn ich mich zwanzig Minuten mit einem einzigen Hund abgebe, denn dafür ist man ja hergekommen – um die Gewißheit zu haben, daß niemand mit seinen alten Fehlern wieder von dannen geht. Die Besitzer schwieriger Hunde helfen sich gegenseitig, und gemeinsam haben wir Erfolg.

Oft hätte ich auf der Straße geradezu Lust, einem Hundehalter seinen nach vorn ziehenden Hund abzunehmen, ihn zu korrigieren und dem Besitzer wieder zurückzugeben. Eines Tages ging ich hinter einem höchst unmanierlichen Hund her und hörte, wie die Besitzerin zu ihm sagte: «Wenn du dich nicht benimmst, bringe ich dich zu Mrs. Woodhouse.» Ich habe mich nicht zu erkennen gegeben.

Manchmal wird die Hundeerziehung zu Hause dadurch erschwert oder unmöglich gemacht, daß der Ehemann, seine Frau oder irgendein Verwandter mit den Erziehungsmethoden nicht einverstanden ist, den Hund absichtlich verwöhnt oder ihm alles nachsieht, weil er die Erziehung überhaupt für eine Tierquälerei hält oder sich daran ergötzt, wenn der Hund irgendeinen Streich ausheckt; so wie man gelegentlich bei Kindern sagt: «Jungen sind nun einmal so.» Dann gibt es den entgegengesetzten Typ, der sich selbst für einen unübertrefflichen Hundetrainer hält. Er braucht sich von niemandem etwas sagen zu lassen, er donnert den Hund an und erzielt nur kümmerliche Ergebnisse; dann ist er pikiert und meint, das beste Mittel bei schwererziehbaren Hunden sei, sie zu verkaufen, zu verschenken oder einzuschläfern. Dies führt im Familienkreis zu heftigen Zwistigkeiten, und mir schaudert bei dem Gedanken, wie viele Scheidungen oder Ehestreitigkeiten schon von Hunden heraufbeschworen worden sind. Ich erinnere mich an einen Ehemann, der seine Frau anschrie: «Weg mit dem Hund, oder ich gehe.» «Nichts einfacher als das», sagte die Frau, «dann geh.» Mancher Streit wird durch die Meinungsverschiedenheit ausgelöst, ob man den Hund im Haus oder im Zwinger halten soll. Ob der Hund im Bett oder in seinem Korb schlafen soll. Ob die Frau ihren Mann auf einem Ausflug begleiten kann, wo Hunde nicht erlaubt sind. Alle diese Streitereien ließen sich vermeiden, wenn der Hund erzogen wäre, denn ein wohlerzogener Hund braucht keinen Babysitter, er schläft in seinem eigenen Bett und richtet im Haus keinen Schaden an; deshalb kommt der Zwinger bei einem solchen Hund gar nicht in Frage.

Vielen Hunden wird in Autos übel. Dies ist kein physisches Phänomen, sondern ein Mangel an Ausbildung: Der Hund ist an die Bewegungen des Autos nicht gewöhnt und vertraut seinem Besitzer nicht so weit, daß er sich zur Ruhe legen würde. Bei richtiger Ausbildung entspannt sich der Hund sofort, und die Übelkeit vergeht. Wenn der Hund erst einmal gelernt hat, sich niederzulegen, alle Ablenkungen zu ignorieren und sich auf seinen Herrn zu verlassen, fühlt er sich im Auto wohl. Legen Sie ihm seine Lieblingsdecke auf den Rücksitz, und er bedarf keiner weiteren Aufmerksamkeit. Nehmen Sie einen Welpen schon frühzeitig im Auto mit; ein älterer Hund gewöhnt sich nicht mehr so rasch an die Fahrbewegungen. Ich nahm meine beiden Hunde einmal im Flugzeug mit nach Belfast. Trotz des gewaltigen Radaus und der Erschütterungen blieben sie völlig ruhig und zufrieden. Ich fühlte mich dagegen gar nicht so wohl, denn ich kann Luftreisen nicht leiden; sie aber vertrauten ihrem Frauchen und hatten keine Angst.

Es ist besonders die Angst, die häufig «schwierige Hunde» erzeugt: sie machen die Teppiche naß, so wie Kinder das Bett, die normale Ausbildung zu Hause bricht zusammen, und verzweifelte Besitzer erkundigen sich bei mir schriftlich nach neuen Ausbildungsmethoden. Dabei braucht man nichts weiter zu tun, als dem Hund Vertrauen einzuflößen. Legen Sie ihn in die Küche, wo sich der Boden leicht aufwaschen läßt, loben Sie den Hund bei der morgendlichen Begrüßung und übersehen Sie geflissentlich die Pfütze, geben Sie ihm nur eine Mahlzeit am Tag und lassen Sie ihn nach fünf Uhr nachmittags nicht mehr saufen; in den meisten Fällen sind dann die Schwierigkeiten behoben. Der arme Kerl weiß, daß er die Pfütze nicht hat machen dürfen; auch der kleinste Welpe begreift rasch, was gut und was böse ist. Versetzt man den Hund zusätzlich in Angst, wenn er einen Fehler begangen hat, gewöhnt man ihm die Sache nie ab. Hunde ängstigen sich häufig des nachts, wenn sie nervös und empfindsam sind. Sie entwickeln dann alle Arten seltsamer Unsitten, doch vergehen diese bald, wenn Sie den Hund in den Ferien Tag und Nacht bei sich haben können. Ich bin stets der Meinung, daß Hunde wie kleine Kinder sind, und ich kann mich gut erinnern, daß ich in frühester Jugend, wenn das Kindermädchen Ausgang hatte, Angstqualen ausgestanden habe, sie könnte von einem Bus überfahren werden, und erst als sie nach Hause kam, schlief ich ein. Ich finde, ganz ähnlich ergeht es auch vielen Hunden; die Nacht, wo sie ihren Herrn nicht hören können, ist lang für sie, und sie schlafen unruhig, und dann spielt ihnen die Blase einen Streich, und die Folge ist eine Pfütze. Überlegen Sie sich gut, ob Sie einen Hund bestrafen sollen, der bisher völlig stubenrein gewesen ist.

Streitsüchtige Hunde

Eifersüchtige Hunde, raufende Hunde, heulende Hunde, nervöse Hunde – sie alle fallen in diese Kategorie Hunde. Sie können einen ganzen Haushalt auf den Kopf stellen. Ich kenne eine Familie, die zwei Hunde besitzt; einen Bullterrier und einen reizenden alten Foxterrier. Ein Hund gehört dem Mann, der andere der Frau, aber die beiden kommen nicht miteinander aus; der Bullterrier hat nur eines im Sinn, nämlich den alten Pensionär auszuschalten und die Herrschaft im Haushalt an sich zu reißen. Er hat diesen Haß auf den Foxterrier erst im Laufe des Heranwachsens entwickelt. Als junger Hund war er brav. Was sollten die Besitzer tun, um sich das Leben mit zwei Hunden erträglich zu machen, da sie sich von keinem der beiden trennen wollen? Da sich diese Situation über eine längere Zeitspanne hinweg so herausgebildet hat, habe ich den Eindruck, daß keine vernünftige Ausbildung stattgefunden hat. Man ging den Weg des geringsten Widerstandes, trennte die Hunde und teilte den Haushalt in zwei Hälften. Ich hätte dem Bullterrier einen Lehrgang in Gehorsamsübungen angedeihen lassen; ich hätte ihn so oft wie möglich nach draußen mitgenommen, damit er andere Hunde kennenlernt. Ich hätte ihn in der Nähe seines Lagers abgelegt und gezwungen, dort zu bleiben, sooft sich die beiden Familienmitglieder mit dem Foxterrier in diesem Zimmer aufhalten. Falls der

Hund knurrt oder Zeichen von Eifersucht erkennen läßt, würde ich ihm am Gleithalsband einen scharfen Ruck und gleichzeitig das Kommando «Laß das» geben. Dann würde ich ihn liebevoll streicheln. Ich würde die Hunde gemeinsam an der Leine ausführen, wobei der Bullterrier vorübergehend einen Maulkorb tragen müßte. Dadurch käme der alte Hund nicht zu Schaden, und ich glaube, daß sich die beiden durch die Freude an den Spaziergängen miteinander anfreunden würden. Ich würde nie den einen vor dem anderen streicheln, ohne dabei gleichzeitig liebevoll mit beiden zu sprechen.

Ich habe einigen schrecklichen Raufern beigebracht, friedlich nebeneinander zu liegen, und ich sehe keinen Grund, warum man diesen beiden Hunden nicht beibringen sollte, sich gegenseitig wenigstens zu dulden.

Man hört oft von Spaniels, speziell Mutter und Tochter, die sich so hassen, daß man einen von beiden einschläfern muß. Dies ist ein sehr trauriger Ausweg und gleichzeitig von seiten des Besitzers das Eingeständnis des Versagens. Man kann Hunde nicht zwingen, sich gegenseitig zu lieben, ebensowenig wie man sie lehren kann, ihren Herrn zu lieben, aber man kann ihnen durch Gehorsamstraining wenigstens beibringen, sich zu ignorieren.

Das gleiche Problem tritt auf, wenn sich Leute zusätzlich eine junge Katze oder einen Welpen anschaffen. Wie können sie ihren Hund dazu erziehen, das andere Tier zu dulden und zu akzeptieren? Dies ist nicht besonders schwierig, wenn der Neuankömmling noch so klein ist, daß er nachts in einem Hauszwinger oder Käfig gehalten werden kann; man kettet den alten Hund dann zweckmäßigerweise nachts an sein Bett in der Nähe des neuen Tieres, denn ich habe festgestellt, daß Tiere, die die Nacht gemeinsam im selben Raum zubringen, sich hinterher nur selten bekriegen. Auch hier kommt der alte, bekannte Befehl «Laß das» wieder zu seinem Recht, und der ältere Hund sollte inzwischen gelernt haben, daß dieses Kommando bedeutet: «Ignoriere alles und lauf hinter niemandem her.»

In allen diesen Fällen kommt es auf die Haltung des Besitzers an. Gelegentlich stelle ich fest, daß die Besitzerin neurotisch ist und eine gewisse Freude daran hat, wenn ihr Hund den ihres Mannes nicht ausstehen kann, obwohl sie es nicht zugeben wird. Zu weiteren Schwierigkeiten kommt es, weil die Hunde häufiger als wir glauben gewisse Hemmungen und Idiosynkrasien ihrer Besitzer widerspiegeln. Deshalb ist es für mich sehr schwierig, eine Diagnose über das Fehlverhalten des Hundes zu stellen, wenn mir nur ein Brief zur Verfügung steht. Im Laufe der Zeit wird man zum Psychologen und kann einen Blick hinter den Vorhang werfen, der vor einem zugezogen wird.

Besitzer, die ihren Hund mit allen Mitteln in übertriebener Weise an sich binden wollen, sind häufig die Ursache dafür, daß sich ihr Hund falsch benimmt. Besitzerinnen, die ihren Hund nie mit anderen Hunden herumtollen lassen, aus Angst, er könne sich etwas zuziehen, oder die ihn nie über die Felder rennen lassen, weil er sich sonst vielleicht sein frisch shampooniertes Haarkleid schmutzig machen könnte, fordern Schwierigkeiten geradezu heraus. Auch Zwerghunde wie Yorkshire-Terrier oder Pekinesen lieben die Rattenjagd. Solche Hunde werden abgestumpft, wenn ihnen nichts weiter geboten wird als Spaziergänge in der Stadt oder Fahrten im Auto durch den Park. In meiner Schule nehmen wir bei günstigem Wetter alle sogenannten schwierigen Hunde hinaus aufs Feld und lassen sie alle gleichzeitig los – trotz der Proteste einiger Besitzer, die ganz sicher sind, daß ihre Hunde sich mit anderen verbeißen oder bei lebendigem Leibe aufgefressen oder auf Ruf nicht wieder zurückkommen werden. Bis jetzt ist bei dieser Methode nichts passiert. Manchmal droht es zu einer Beißerei zu kommen, aber meine Stimme allein genügt gewöhnlich, hier Abhilfe zu schaffen. Gutes Betragen wirkt zweifellos ansteckend, und es ist ganz erstaunlich, wie manierlich sich diese «schwierigen Hunde» bei den Lehrgängen aufführen. Wenn man nur den Besitzern klarmachen könnte, wie sie ihre Hunde am besten unter Kontrolle halten können, dann gäbe es auch zu Hause keine Schwierigkeiten. Ich finde, Zeitmangel ist der größte Feind. Übung macht den Meister. Den Hund nur einmal in der Woche zu trainieren, hat keinen Zweck.

Besonders schwierig ist es, den Besitzern von bissigen Hunden klarzumachen, daß sie sie an der langen Leine führen müssen, denn wenn man einen Hund kurz hält, will er erst recht mit anderen Hunden raufen. Solchen Hunden muß man, wenn sich ein fremder Hund nähert, einen heftigen Ruck bei gleichzeitigem Kommando «Laß das» geben und die Leine dann wieder locker lassen. Die Leine muß mindestens anderthalb Meter lang sein und einen absolut verläßlichen Karabinerhaken aufweisen. Scherenhaken und ähnliche Fabrikate sind gefährlich; sie können bei einem scharfen Ruck aufgehen. Denn wenn sich ein solcher Hund bei einem solchen Ruck losreißt, wird alles nur noch viel schlimmer – der Hund würde gewissermaßen auf den anderen katapultiert. Der Ruck in diesen Fällen muß hart und wirkungsvoll sein. Und vor allem muß der Besitzer lernen, seinem Hund zu vertrauen, sonst besteht keine Hoffnung auf Besserung. Einige Rassen, wie die Kerry Blues, sind geborene Kämpfer, und obwohl ich auch diese erzogen habe, bin ich der Meinung, daß ein Raufer für eine Frau kein geeigneter Haushund ist, wenn er nicht in jungen Jahren vernünftig ausgebildet worden ist.

Ich finde, daß man sich besser überlegen soll, für welche Rasse man sich entscheidet. Man sollte vor allem vorher feststellen, wofür die Hunde ursprünglich gezüchtet worden sind. Alle Bulldoggen-Rassen sind Kämpfernaturen, ebenso die irischen Terrier und Kerry Blues. Warum sucht sich eine schwache, kleine Frau ausgerechnet einen solchen Hund aus? Ist es vielleicht deswegen, weil ihr selbst der Mut fehlt und sie durch den Kauf eines mutigen Hundes einen Ausgleich sucht?

Wenn Sie eine Etagenwohnung haben, wählen Sie einen Hund, der wenig Auslauf braucht, wie zum Beispiel der King-Charles-Spaniel, dessen Ahnen so oft auf alten Gemälden dargestellt sind und die an vielen Königshöfen der Vergangenheit zu Hause waren.

Ich kenne eine Familie, die einem Beagle ein solches Dasein zumutete und sich beklagte, als er unleidlich wurde. Ein Beagle gehört nicht in eine Familie mit Kindern; es sind Jagdhunde, keine

Spielzeuge, und sie sind sehr eigensinnig veranlagt. Natürlich hat der Käufer das letzte Wort, aber ich bin dennoch der Meinung, daß Züchter sich weigern sollten, zum Beispiel einer alten Dame einen Bluthund oder einem kleinen Kind einen großen ungestümen Hund zu verkaufen. Züchter leben von ihren Einnahmen und können es sich deshalb nur selten leisten, auf einen Verkauf zu verzichten. Ich wünschte nur, sie müßten sich später mit diesen Hunden beschäftigen, wenn die eigentlichen Probleme beginnen; dann würden sie vielleicht davon Abstand nehmen, Leuten ungeeignete Tiere zu verkaufen.

Wenn es nach mir ginge, würde die Haltung von Hunden davon abhängig gemacht, daß der Besitzer eine einfache Prüfung in der Pflege und Ausbildung von Hunden ablegt. Aber diese Prüfung würden wohl die meisten gar nicht bestehen, so daß dieser Vorschlag nicht praktikabel ist. Ich verstehe nie, warum man die Hundeerziehung für so einfach hält, daß man nichts über sie zu lernen braucht. Nur wenige junge Mütter verzichten darauf, sich rechtzeitig ein Buch über Kinderpflege zu kaufen, aber ein junger Hund wird gekauft, ohne daß man sich bemüht, die Grundzüge der Erziehung zu erfassen. Aber ich finde, daß sich mit Hilfe des Fernsehens und der einschlägigen Literatur der Gedanke allmählich durchzusetzen beginnt, daß man selbst erst einmal lernen muß, wenn man einen gehorsamen Hund besitzen will.

Der Kampf um die Schönheit

Wenn ich nur daran denke, wie viele Kämpfe mit Hunden ausgetragen werden müssen, die sich nicht bürsten oder kämmen oder baden lassen wollen! Und in den meisten Fällen hat der Hund mein vollstes Mitgefühl. Hat man Ihnen schon einmal das zerzauste Haar mit einem Stahlkamm frisiert? Glauben Sie mir, es tut weh. Hat man Ihnen je damit gedroht, Sie würden in die Badewanne gesteckt? Eine Angstvorstellung! Gut, aber gedankenlose Besitzer tun ihren

Hunden so etwas an und erwarten dann noch von dem Tier, daß es diese Prozedur ohne Protest über sich ergehen läßt.

Zuerst möchte ich auf das Bürsten und Kämmen eingehen. Wir wollen uns einmal ansehen, welche Art von Bürste oder Kamm für Ihren Hund die richtige ist. Pudel werden besonders gern zu Beißern, wenn sie gebürstet werden. Der Grund liegt auf der Hand: Sie haben einen dicken, verfilzten Pelz, wenn sie nicht kahlgeschoren sind, doch habe ich noch nie bemerkt, daß jemand Bürsten und Kämme der jeweiligen Haarstruktur angepaßt hätte. Viele bürsten den Pudel mit einer langborstigen Bürste, Ohren und Füße werden mit einem Stahlkamm gekämmt, der außerordentlich scharfe Zacken hat, und ich kann Ihnen versichern, daß der Hund viel zu leiden hat, bevor diese Operation beendet ist. Dasselbe ließe sich auf viel freundlichere Weise bewerkstelligen. Wenn Ihr Hund ein verfilztes Fell oder ebensolche Ohren hat, befeuchten Sie die Stellen, und die Verfilzung löst sich leichter auf. Bei Verwendung einer Bürste mit Draht- statt Nylonborsten verschwinden die zotteligen Stellen leichter. Vergewissern Sie sich zunächst, daß dem Hund bei dieser Pflege keine unnötigen Schmerzen zugefügt werden, und gehen Sie dann mit fester Hand zu Werke, loben Sie ihn, wenn er stillsteht, und wenn er sich bewegt oder zu beißen versucht, halten Sie ihn hinter den Ohren fest am Gleithalsband und setzen Sie das Bürsten fort, denn wenn Sie ihm den Kopf heben, kann er sich nicht umdrehen und beißen. Dies gilt natürlich nur für kleine Hunde. Große Hunde kann man mit einer Hand nicht festhalten; sie müssen notfalls einen Maulkorb tragen.

Diesen Auseinandersetzungen beim Bürsten liegt im allgemeinen die Angst des Besitzers zugrunde, dabei gebissen zu werden. Auch mit Recht, denn ein Spaniel kann sich blitzschnell umdrehen und tiefe Bißwunden verursachen, wenn man in der einen Hand den Kamm führt. Eine Methode für das Bürsten ohne Gefahr ist die, dem Hund einen großen Lederkragen umzulegen, wie ihn Tierärzte bei der Behandlung von Hautkrankheiten verwenden. Trägt der Hund einen solchen, kann er sich nicht umwenden und beißen.

Wenn aber zur Haarpflege die richtige Art von Bürste verwendet wird und wenn man berücksichtigt, daß einige Hunde schmerzempfindlicher sind als andere, sollte es zu solchen Auseinandersetzungen gar nicht kommen. Leute mit kurzhaarigen Hunden bürsten sie meines Erachtens zu oft. Ich glaube, daß ein regelmäßiges Bad zur Entfernung der alten Haare und das wöchentliche Durchbürsten mit einer Handschuhbürste bei kurzhaarigen Hunden, wenn sie zu Hause gehalten werden, vollkommen genügt. Natürlich brauchen Hunde, die draußen dreckig werden, eine besondere Pflege. Dies bringt mich zum Problem des Badens.

Viele Hunde kämpfen wie die Tiger, wenn sie eine Badewanne bloß sehen. Warum sollte man sie zwingen? Die übliche Handbrause, wie sie auch in Friseursalons verwendet wird, macht das Baden ganz einfach. Alles, was Sie zu tun haben, ist, den Hund in die Duschwanne zu stellen und das Wasser über ihn hinunterrinnen zu lassen. Der Hund bekommt keine Angst, das Shampoonieren läßt sich rasch durchführen, und niemand wird verletzt. Im Sommer kann der Hund auch vor dem Küchenfenster stehen und auf dem Erdboden gebadet werden, wenn man die Brause mit einem langen Schlauch verlängert.

Ich finde, daß viele Besitzer es ganz unnötigerweise zum Kampf mit ihren Hunden kommen lassen. Häufig werden Hunde zu mir gebracht, die sich nicht pflegen lassen wollen; ich habe nie irgendwelche Schwierigkeiten mit ihnen, und zwar einfach deshalb, weil ich keine Angst habe, gebissen zu werden. Sollte ich fürchten müssen, daß der Hund mich beißt, ziehe ich Handschuhe an, aber bis jetzt ist dies noch nicht nötig gewesen. Ich glaube nicht, daß sich alle langhaarigen Hunde gern bürsten lassen; meines Erachtens dulden sie es nur. Kurzhaarige Hunde lieben meines Erachtens die Handschuhbürste, besonders an Brust und Bauch, aber ich bin oft entsetzt, was für Marterinstrumente zuweilen verwendet werden. Wenn ich einen Spaniel hätte, würde ich ihm die Haare an den Behängen ziemlich kurz geschoren halten, falls ich nicht die Zeit dazu habe, sie dauernd zu bürsten, denn gerade diese Haare verfilzen leicht und sind der Grund dafür, daß so viele Spanielbesitzer von ihren Tieren gebissen werden. Ich weiß, daß man dies bei Ausstellungshunden nicht tun kann, aber diese werden in Hundesalons professionell gepflegt und fallen deshalb nicht unter dieses Kapitel. Wenige Menschen haben genügend Zeit, sich um das Bürsten und Kämmen ihrer Hunde zu kümmern, wenn sie Hausfrauen und Mütter kleiner Kinder sind; deshalb erspart man sich durch gelegentliches Trimmen mit der Schere viel Ärger.

Ich glaube, Hunde haben Angst davor, im Bad auszurutschen. Ich habe deshalb immer eine Gummimatte hineingelegt, und jetzt hat sich mein Hund vollkommen daran gewöhnt; er springt sogar von selbst hinein. Ich finde, man sollte bei großen Hunden berücksichtigen, daß sie lange Krallen haben und deshalb leicht rutschen.

Das Baden von Hunden ließe sich erheblich einschränken, wenn man ihnen häufiger das Gesicht und die Gegend unter dem Schwanz mit einem nassen Lappen saubermachen würde. Mir wird manchmal fast übel bei dem Gestank, den manche Hunde in meinen Lehrgängen verbreiten. Er stammt gewöhnlich aus den Afterdrüsen unter dem Schwanz, die eine übelriechende Flüssigkeit ausscheiden. Der Hund leckt sich dann meistens, so daß auch seine Schnauze diesen Geruch annimmt. Man sollte deshalb stets darauf achten, daß sich die Afterdrüsen in einwandfreiem Zustand befinden; man kann sie selbst ausdrücken, wenn man den Handgriff kennt, oder es durch den Tierarzt besorgen lassen; dies ist in jedem Falle nötig, wenn der Hund einen üblen Geruch verbreitet oder das Hinterteil über den Boden zieht. Früher hielt man dies für ein Symptom von Wurmbefall, aber es handelt sich dabei weit häufiger um eine Vergrößerung der Afterdrüsen. In einigen Fällen vergrößern sie sich derartig, daß es zu Schmerzen kommt und eine Operation angezeigt ist.

Eine goldene Regel, mit Hunden umzugehen, die sich durch Beißen der Schönheitspflege zu widersetzen suchen, lautet: Tun Sie nur, was notwendig ist, tun Sie es liebevoll, aber mit fester Hand, und geben Sie nie nach, wenn der Hund zu beißen anfängt. Heben

Sie den Hund dann ein paar Sekunden am Gleithalsband vorne hoch; er kommt dann schnell zur Vernunft, denn das Halsband nimmt ihm den Atem. Tägliches vorsichtiges Bürsten und Gewöhnen an die Pflege haben schnell Erfolg. Wenn nicht, legen Sie dem Hund den Maulkorb an und erledigen Sie die Haarpflege so schnell wie möglich.

Was man von Hunden erwarten kann

Ich finde, kein Kapitel über «schwierige Hunde» wäre vollständig ohne einige Bemerkungen über das, was wir von unseren Hunden erwarten können. Oft wundere ich mich über Briefe von Hundehaltern, die anscheinend der Meinung sind, ihr sechs Monate alter Hund müsse sich wie ein ausgewachsener verhalten. Sie verlangen von ihm, daß er nie bellt oder jault, nie etwas zerreißt, nie störrisch ist und immer kommt, wenn er gerufen wird. Es ist durchaus möglich, dies zu erreichen, wenn der Besitzer der Erziehung seines Welpen genügend Zeit opfern kann. Ich erinnere mich noch gut an unseren kleinen englischen Zwergterrier, der mit zehn Wochen mit meiner damals neun Jahre alten Tochter eine Vorführung gab. Dies spielte sich im Odeon-Filmtheater vor 2000 Kindern im Scheinwerferlicht und bei ungewohnten Geräuschen ab. Der kleine Hund war kaum zu sehen, da er nur vier Pfund wog; trotzdem absolvierte er das Programm für Anfänger in voller Länge und apportierte dabei eine Übungshantel, die fast so groß war wie er. Der kleine Kerl war die Ruhe selbst und schien viel Spaß an der Sache zu haben. Dies soll aber nicht heißen, daß er nicht auch Fehler beging. Das tat er durchaus. Er bellte zum Beispiel viel zu lang, wenn Fremde an der Tür erschienen; er rannte mit den Pantoffeln der Kinder in den Garten und stahl Futter aus dem Geflügeleimer. Aber ich hatte auch nichts anderes erwartet. Ein Hund, der nicht die normalen Unarten eines Welpen zeigt, ist meines Erachtens ein Duckmäuser.

Viele Menschen empfehlen, die Erziehung des Hundes erst zu

beginnen, wenn er mindestens sechs Monate alt ist. Ich halte diese Auffassung für falsch. Meiner Ansicht nach sollten alle Welpen mit etwa drei Monaten damit beginnen, sofort nach der letzten Schutzimpfung durch den Tierarzt, die ihnen Schutz gegen Staupe und die Stuttgarter Hundeseuche gibt. Denn bei der Ausbildung kommt der kleine Hund zwangsweise mit anderen Menschen und Hunden in Berührung, und man sollte keine Ansteckung riskieren, solange keine Immunität erreicht ist. Dann sollte man den Welpen täglich auf kurze Spaziergänge mitnehmen, ihn zum «Bei Fuß», «Platz» und «Kommen auf Ruf» erziehen. Die Ausbildung zum «Sitz» stelle ich bei Junghunden meistens zurück, denn sie ist sehr ermüdend. Man sollte sie höchstens ab und zu ganz kurz bei Fuß sitzen lassen. Man kann ihnen beibringen, einen zusammengerollten Handschuh oder Strumpf aufzunehmen und ihn anstandslos wieder herzugeben, was künftigen Auseinandersetzungen vorbeugt, wenn der Hund einen bestimmten Knochen nicht haben soll. Versuchen Sie nie, dem Hund etwas aus dem Maul zu nehmen. Es ist sowieso nicht leicht. Geben Sie dem Hund lieber einen kurzen Ruck nach unten, dann muß der Hund das, was er im Maul hat, fallen lassen. Ein langsames Ziehen hat keinen Sinn. Ich habe Junghunden oft beigebracht, etwas herzugeben, indem ich ein Stück Fleisch in die Hand nehme und es ihnen bei gleichzeitigem Befehl «Aus» unter die Nase halte. Der Hund läßt den Gegenstand fallen und bekommt das Fleisch. Bald verbindet er das Fallenlassen mit dem Befehl «Aus» und einem hübschen Leckerbissen. Solche Assoziationen sind überhaupt bei jeder Hundeerziehung von enormem Wert.

Man sollte von einem Junghund nicht erwarten, daß er beim Spaziergang sofort aufhört, an den erregenden Gerüchen zu schnuppern, und bei Fuß geht. Lassen Sie ihm etwas Luft – schließlich ist sein ganzes Leben zunächst voller Gerüche und Duftstoffe. Aber nie darf er weglaufen, wenn Sie ihn rufen, sonst gerät er durch den Straßenverkehr in Lebensgefahr. Versucht er wegzulaufen, legen Sie ihn an eine lange Schnur und geben Sie ihm notfalls einen kurzen Ruck.

Meines Erachtens ist es besonders wichtig für die Ausbildung, dem Hund einen vernünftigen Namen zu geben. Viele Hunde erscheinen in meinen Lehrgängen mit Namen, die man kaum aussprechen kann. Ein zu weich klingender Name wirkt nicht eindringlich genug, ebenso ein komplizierter. Der Name sollte weithin hörbar sein.

Aus demselben Grunde sollte man für Befehle möglichst einzelne Wörter verwenden. Wenn Sie zum Beispiel sagen «Na, alter Junge, komm her», wirkt dies viel weniger als «Peter, komm». Zunächst fehlt bei dem ersten Kommando der Name des Hundes, und zweitens klingt das härtere «Komm» besser. Man sollte auch nie sagen «Bei Fuß, Peter», sondern immer «Peter, bei Fuß». Durch den Namen erregt man seine Aufmerksamkeit, bevor der eigentliche Befehl folgt.

Wenn der Hund zehn oder zwölf Monate alt ist, sollte er bei regelmäßigem Training in jeder Beziehung folgsam sein. Es dauert meines Erachtens nicht zwei Jahre oder länger, einen Hund richtig auszubilden. Natürlich hängt der Zeitbedarf vom Hund und den Fähigkeiten seines Besitzers ab, wenn er aber nach zwölf Monaten noch nicht ein gewisses Ausbildungspensum erlernt hat, sollte sich der Besitzer selbst darum kümmern und mehr über dieses faszinierende Thema zu lernen versuchen.

Ich verlange gar keine Leistungen, wie sie bei Gehorsamsprüfungen auf Hundeausstellungen üblich sind. Was ich sagen will, ist, daß der Hund gelernt haben sollte, ruhig zu Hause oder im Auto liegen zu bleiben; einigermaßen rasch zu kommen, wenn man ihn ruft; an der Leine oder auf das Kommando «Laß das» andere Hunde zu ignorieren; er sollte ferner stubenrein sein, hinter keinen anderen Tieren herjagen und seinen Zerstörungstrieb im Zaume halten.

Um mit Erfolg an einer Gehorsamsprüfung im Ring teilnehmen zu können, bedarf es einer Ausbildung von mehreren Jahren. Man sollte sich einem Verein anschließen, wo man sich für nichts anderes interessiert, und man muß den unbändigen Willen besitzen, bei einer solchen Prüfung zu gewinnen; außerdem darf man seinen Hund nicht allzu gern haben, denn für die meisten Hunde ist diese Ausbildung eine Quälerei. Ich habe es getan und weiß, wie Hunden dabei zumute ist; nur wenigen machen die ewigen Wiederholungen völlig nutzloser Kunststücke Spaß. Die Besitzer sind nervös und fallen aus der Rolle, wenn etwas schiefgeht. Sie benehmen sich unnatürlich und loben ihre Hunde im Ring nicht einmal. Aber es ist ein Sport, und Hunde hat man seit Jahrhunderten für sportliche Zwecke verwendet. Auch Windhunde haben, glaube ich, wenig Freude daran, den Hasen nie erwischen zu können.

Meiner Meinung nach sollte die Erziehung nur so weit fortgeführt werden, bis der Hund umgänglich, gehorsam und freundlich geworden ist. Danach wird es fast zu einer Krankheit und verliert für den Hund den Reiz. Polizeihunde mögen gelegentlich einen Verbrecher zur Strecke bringen. Hunde bei Gehorsams-Vorführungen erhalten höchstens ein spärliches Lob. Natürlich glaube ich, daß alles, was dazu beiträgt, die Hundeerziehung populär zu machen, eine gute Sache ist, und wenn Tausende diese Gehorsamsübungen auf Ausstellungen beobachten, werden doch einige nach Hause gehen und versuchen, auch ihren eigenen Hund etwas besser zu erziehen.

Wie der Hund seinen Herrn sieht

Ich würde wirklich gerne wissen, was die Hunde von ihren Besitzern denken. Ich hege den bösen Verdacht, daß es nicht immer ein Kompliment für den Besitzer ist. Was sind wir unseren Hunden schuldig? Ich glaube, eine ganze Menge. Als Hausgenossen bringen sie viel Freude, Entspannung und Abwechslung in das Leben von Millionen. Darüber hinaus spielen sie im Wirtschaftsleben eine bedeutende Rolle und bringen viel Geld unter die Leute. Sie knüpfen für ihre Besitzer freundschaftliche Beziehungen an. Sie unterhalten Millionen von Menschen auf der Rennbahn, in Ausstellungen und im Zirkus, im Fernsehen und im Kabarett. Die Welt ist den Hunden wirklich zu Dank verpflichtet. Sie geben vielen Menschen Arbeit und Brot, die Hundenahrung und vieles andere erzeugen. Sie sorgen für den Lebensunterhalt vieler Tierärzte. Sie schaffen Arbeitsplätze für Zwingerpersonal, Jagdbedienstete und gelegentlich sogar für Botschaftspersonal, wie ich höre. Sie schenken den Niedrigsten und Höchsten in unserem Land Liebe und Freude. Doch können sie nicht über ihr Schicksal bestimmen, und uns, ihren Herren, ist es vorbehalten, ihnen das Leben zum Himmel oder zur Hölle zu machen.

Heutzutage streben immer mehr Menschen danach, mehr über die Ausbildung ihrer Hunde zu erfahren. Aber sehr viele Hunde zeigen sich für die ihnen entgegengebrachte Liebe und Sorgfalt nicht erkenntlich. Warum nicht? Ich glaube, weil viele Besitzer vergessen, daß Hunde eben Hunde sind; sie behandeln sie wie menschliche Wesen und erwarten von ihnen eine entsprechende Reaktion. Wir wissen alle, daß der Hund durch richtiges Training ein hohes Maß an Intelligenz erreichen kann. Mein Hund ist in der Presse Hunderte von Malen als «beinahe menschlich» beschrieben worden, aber niemand hat hier bisher den Ausdruck «menschlich», sondern immer nur «beinahe menschlich» gebraucht. Wenn man diesen kleinen Unterschied bedenkt, wird man seinem Hund gerecht.

Ein Hund kann meines Erachtens von seiner Besitzerin erwarten, daß sie sich im Umgang mit dem Hund niemals gehen läßt. Jeder Hund wird erschreckt, wenn man die Beherrschung verliert.

Ich finde außerdem, daß der Hund von seiner Besitzerin erwarten kann, daß sie genau weiß, was der Hund tun soll, und sich bei der Erteilung eines Befehls voll auf dessen Ausführung konzentriert. Ein Hund wird sofort unsicher, wenn die Besitzerin einen Befehl gibt, innerlich dabei aber denkt: «Der arme kleine Kerl, wie schwer fällt es ihm doch, dies zu tun.» Wenn sie so etwas denkt, warum erzieht sie ihren Hund dann überhaupt? In ihrer Einstellung liegt das Mitgefühl mit dem Hund, falls dieser versagen sollte, statt der feste Wille, daß er genau das tut, was von ihm erwartet wird.

Der Hund kann eigentlich auch erwarten, daß seine Herrin ihn nur dann zwingt, etwas zu tun, wenn es einen vernünftigen Grund hat, und nicht nur, um ihre Eitelkeit zu befriedigen oder bei Freundinnen Eindruck zu machen.

Hunde können auch mit Recht erwarten, daß man sie gelegentlich mit irgendwelchen anderen Hunden im Freien wild herumtollen läßt – ein Spiel, das viel lustiger ist, als mit Mrs. Binks parfümiertem Pudel herumzulaufen.

Ich bin durchaus der Meinung, daß der Hund ein Recht darauf hat, in die Ferien mitgenommen zu werden, und nicht zu Hause bleiben muß, während sich Frauchen amüsiert. Hunde freuen sich ebenfalls über Tapetenwechsel und Luftveränderung. Ein seiner Herrin ergebener Hund leidet Qualen, wenn er zurückgelassen wird, wie gut die Hundepension auch geführt sein mag.

Hunde lieben ihre Besitzer mit allen ihren Fehlern; es ist ihnen gleichgültig, ob sie häßlich, groß oder klein, reich oder arm sind. Ich wünschte, daß der Mensch auch dem Hund gegenüber die gleiche Einstellung an den Tag legte. Hunde fühlen sich todunglücklich, wenn sie von ihren Besitzerinnen in Gegenwart von Freundinnen kritisiert werden. Sie verstehen den entschuldigenden Ton, wenn die Besitzerin erklärt, der Hund wäre vorzüglich, wenn er die Ohren besser halten würde – oder irgend so einen Unsinn. Der Tonfall deprimiert den Hund, auch wenn er die Worte nicht versteht. Deshalb reden Sie vor anderen Leuten nie schlecht von Ihrem Hund.

Ein Hund hält seine Herrin für großartig, wenn auch sie ihn für großartig hält. Ich sage den Leuten, die zu meinen Lehrgängen kommen, immer wieder, daß ihr Hund brav ist, wenn sie fest daran glauben. Wenn Sie glauben, daß Ihr Hund davonrennen oder eine Beißerei anfangen wird, wird er es wahrscheinlich auch tun; der Glaube an das Wohlverhalten des Hundes überträgt sich auf den Hund, und er reagiert entsprechend.

Und schließlich hat ein Hund auch ein Recht darauf, daß seine Besitzerin barmherzig genug ist, ihn einzuschläfern, wenn er nicht mehr kann, und ihm dadurch ein gnädiges Ende zu bescheren. Vielen Besitzern fehlt der Mut dazu, und sie geben ihre älteren Hunde an irgendwelche Asyle ab, statt sich ihrer Verantwortung bewußt zu sein. Junge Hunde kann man weggeben, ohne sie unglücklich zu machen. Alte Hunde meistens nicht. Sie sind ebenso wie Menschen zu sehr an ihr bisheriges Leben gewöhnt. Wenn sie eine liebevolle Besitzerin hatten, haben sie sich so an deren Lebensstil gewöhnt, daß sie sich in einem neuen Heim nicht mehr zurechtfinden werden. Ich finde, man sollte solche Hunde lieber einschläfern.

Warum manche Hunde böse sind

Viele Menschen sollten, bevor sie den Stab über ihren Hund brechen, einen Tierarzt oder einen anderen wirklichen Sachverständigen konsultieren, damit festgestellt wird, ob irgendein physischer Grund für das Fehlverhalten des Hundes vorliegt. Viele Hunde sind zum Beispiel taub, ohne daß der Besitzer etwas davon weiß. Die Taubheit kann auf ein Krebsgeschwür oder eine Erbanlage zurückgehen. Vergewissern Sie sich zunächst, daß Ihr Hund Sie auch wirklich hören kann, bevor Sie ihn zum «schwierigen Hund» stempeln.

Ohrenschmerzen können einen Hund ganz unvermittelt zuschnappen lassen: er hat Angst, Sie könnten ihm wehtun. Viele Leute reinigen routinemäßig das Ohreninnere ihrer Hunde und verursachen dadurch eine Entzündung des Trommelfells. Die Ohren sollten nur äußerlich gesäubert werden; es ist höchst gefährlich, die empfindlichen Gehörgänge zu reinigen. Ohrentropfen genügen meistens, ohne daß man mit dem Finger in den Gehörgang hineinzustochern braucht. Wenn ein Hund Ohrenschmerzen hat, tut ihm das Bürsten besonders weh; deshalb brauchen Sie sich nicht zu wundern, wenn er gewissermaßen aus Notwehr beißt.

Manchmal hinterlassen die vom Tierarzt verabfolgten Injektionen schmerzhafte Schwellungen, die dem Besitzer nicht auffallen, und der Hund schnappt vielleicht plötzlich zu, wenn Sie diese Stelle berühren. Vergewissern Sie sich, daß dies nicht der Grund ist, bevor Sie Ihren Hund als bösartig bezeichnen.

Hunde haben manchmal Kopfschmerzen und schlechte Tage, genau wie menschliche Wesen. Wenn er einmal nicht sofort gehorcht, verdammen Sie Ihren Hund nicht gleich. Wenn er eine kalte Schnauze und keine Temperatur hat, können Sie getrost davon ausgehen, daß er gesund ist – es sei denn, er hat Durchfall. Achten Sie aber immer auf den Blick seiner Augen; ist das Auge trüb, stimmt etwas nicht. Ein zu schläfriger Hund leidet gewöhnlich an Verstopfung, und kein Hund zeigt gute Leistungen, wenn er Verstopfung hat. Achten Sie darauf, daß er das richtige Futter, vor allem viel rohes Fleisch erhält, denn dies ist für den Hund die natürliche und beste Nahrung.

Hündinnen verhalten sich einige Wochen nach der Hitze manchmal seltsam; und Windhunde sollten drei Monate danach an keinem Rennen teilnehmen. Rüden, die sich in der Nähe von läufigen Hündinnen befinden, können sich nicht konzentrieren. Die Natur bestimmt fast alle ihre Handlungen; erwarten Sie deshalb keine guten Leistungen, wenn sie stets nur an die Hundedame in der Nachbarschaft denken.

Vergessen Sie nicht, daß ein Junghund schnell müde wird und sich nur kurze Zeit konzentrieren kann; machen Sie die Unterrichtsstunde kurz und interessant; spielen Sie mit dem Welpen zwischen den einzelnen Übungen, damit sein Interesse wachgehalten wird, denn ein gelangweilter Junghund ist ein schlechter Arbeiter. Alte Hunde werden ebenfalls schnell müde, deshalb sollte auch ihr Unterricht nur von kurzer Dauer sein.

Auch Sie selbst müssen sich wohlfühlen, wenn Sie Ihren Hund erziehen wollen. Diese Arbeit macht müde, und wenn Sie abgespannt sind, geben Sie keinen guten Ausbilder ab. Fünf Minuten Ausbildung, wenn Sie ganz bei der Sache sind, ist ebensoviel wert wie fünfundzwanzig, wenn Sie Kopfschmerzen haben. Wenn Sie gereizt sind, lassen Sie den Hund in Ruhe. Man muß Hunde wirklich sehr gern haben, wenn man gute Ergebnisse erzielen will. Hierbei will ich keiner Sentimentalität das Wort reden; ich meine damit nur, daß man stets fair zu ihnen sein muß.

Nachwort

Dieses Buch wäre nicht vollständig, wenn ich nicht noch ein Wort über meine Ansichten bezüglich der verschiedenen Hunderassen anfügen würde. Viele Leute fragen mich um Rat, was für einen Hund sie sich anschaffen sollen. Meine Antwort darauf ist immer vage, denn mein Rat lautet: Wählen Sie den Hund, der Ihnen am besten gefällt, denn diesen werden Sie auch am leichtesten erziehen können. Wenn Sie sich überreden lassen, einen Hund zu nehmen, der Ihnen eigentlich nicht gefällt, werden Sie alle Fehler auf die Rasse schieben. Schaffen Sie sich keinen Hund an, der Ihre Kräfte übersteigt, nehmen Sie sich kein sportlich interessiertes Tier, wenn Sie in der Stadt wohnen. Aber wie auch immer Ihre Wahl ausfällt, der Hund wird Ihnen gehören und deshalb ein kleines Stück Vollkommenheit sein. Und so sollte es auch sein. Die Liebe ist ein seltsames Ding. Ich kenne Leute, die zeit ihres Lebens unter ihren Hunden gelitten haben, aber da sie ihre Hunde lieben, finden sie sich mit allen Unbequemlichkeiten im Interesse ihrer braunäugigen Herzensbrecher ab. Die meisten Hundebesitzer, die ihre Tiere wirklich lieben, empfinden den Tod ihrer Gefährten ebenso kummervoll wie den eines Familienmitglieds. Als ich meinen geliebten Schäferhund verlor, konnte ich es zehn Jahre nicht über mich bringen, einen anderen Hund zu haben; er war einfach unersetzlich. Wenn Ihnen ein Hund wirklich lieb geworden ist, gehört nicht nur er Ihnen auf Lebenszeit, sondern Sie gehören auch ihm. Ist er dahingegangen, kann kein anderer Hund seinen Platz einnehmen.

Ein Himmel ohne unsere Hunde wäre nicht der Himmel, auf den wir hoffen. Ein Hund ist des Menschen bester Freund.